We always get our sin too

Uitgeverij Prometheus stelt alles in het werk om op milieuvriendelijke en duurzame wijze met natuurlijke bronnen om te gaan. Bij de productie van dit boek is gebruikgemaakt van papier dat het keurmerk van de Forest Stewardship Council (FSC) mag dragen. Bij dit papier is het zeker dat de productie niet tot bosvernietiging heeft geleid.

Maarten H. Rijkens

WE ALWAYS GET OUR SIN TOO

Tips om bizar Engels te vermijden

In samenwerking met
Heidi Aalbrecht
en
Pyter Wagenaar

2009 Prometheus Amsterdam

Eerste druk 2008
Tiende druk 2009

De eerste negen drukken verschenen bij uitgeverij BZZTÔH te 's-Gravenhage.

Ontwerp omslag: WIM Ontwerpers
Illustratie omslag: Kirsten Quast
Zetwerk: Elgraphic + DTQP, Schiedam
Druk- en bindwerk: Bariet, Ruinen
www.uitgeverijprometheus.nl
ISBN 978 90 446 1506 7

CONTENT

BEFORE WORD

Ever since my booky *I always get my sin* came out in the after year of 2005 it has been walking like a train. It has come for the day as a great hit. Within two days it was everywhere outsold. Certainly when the bookshop set it in great staples next to the cash-register, all stops were flying out of the wall. Although the outgiver has fallen plat on his back, because he thought there would sit no dry bread in, he quickly had in the holes that his future would be bright.

Inmiddles more than 250.000 exemplares have been sold, with 35 pressures, and it has been on the Book Top 100 during three years. Harry Potter is there nothing by! Of course, I am clearly inside and can continue to live in my chest of a house. But I am also happy that everyone enjoyed *I always get my sin* and I thank every reader from the bottom of my heart and from my wife's bottom.

I, the writer, of course always expected that people would find the subject underkeeping. During the many years that I worked for Heineken I had many colleagues and met many friendly business associates, whose English was not always up to scratch.

Dutch hotemetotes would make speeches and ministers, state secretaries and burgomasters would address groups in hilarious ways. That is why I jotted down all these mistakes on my blocnote. I called it *Denglish*, which is the bizarre English as spoken by the Dutch. Most people come in the war when they try to talk good English. In *I always get my sin* I toned the bizarre faults that are made.

But if there was any criticism about *I always get my sin* – and happy there were only few – it was that I did not explain what people speaking Denglish did wrong and how they should have said the things in proper English. People asked me: 'How must it than well?' And then I would answer that I was not an English professor and that I also not always knew it. Well, that clearly was not satisfactory and so we found two language experts, who helped me to write this deal.

We always get our sin too is not only for people who enjoy the wrong English of hotemetotes – and I have collected many, many more examples – but it is also for those who want to suck up how to forecome making those mistakes. Therefore, in *We always get our sin too* we also give you a real holdfast how well to do it. I know sure that you will be interesting in it.

Maarten H. Rijkens
Baarn, half 2008

ACKNOWLEDGMENTS

After the enormous success of *I always get my sin*, I needed some assistance for this new deal. I would, therefore, like to acknowledge the co-writers of *We always get our sin too*.

Heidi Aalbrecht and Pyter Wagenaar are two intelligent lingual experts who have a.o. published *Een blind paard kan de was doen* in 2006 and *Woordenboek van platte taal* in 2007. I would like to thank them for their professionalism and enthusiasm.

I dedicated *I always get my sin* to my dear parents, who always laughed their head off when I mentioned various Denglish examples and who encouraged me to write that book. I would now like to dedicate this booky to my wife Denise Rijkens-Schoof, my daughter Claire A. Rijkens and my son Adriaan R. Rijkens, to thank them for their continuous love, input and support and for the fact that they were able to put up with this larry cook.

Maarten H. Rijkens

FORK IN THE STEEL

Inleiding over hoe je dit boek gebruikt

THIS BOOKY DOES NOT ONLY DEMONSTRATE THE BIZAR ENGLISH SPOKEN BY DUTCH HOTEMETOTES. BECAUSE MOST DUTCH PEOPLE COME IN THE WAR WHEN THEY TRY TO TALK GOOD ENGLISH. IN 'WE ALWAYS GET OUR SIN TOO' WE ALSO GIVE YOU A REAL HOLDFAST HOW TO FORECOME THESE PROBLEMS. AND HOW WELL TO DO IT. SO IN THIS CHAPTER YOU READ HOW THE FORK SITS PRECISE IN THE STEEL.

Fouten maken in een andere taal is niet iets wat alleen Nederlanders overkomt. Iedereen die een andere taal dan zijn moedertaal spreekt, maakt zo nu en dan een fout. Een Engelsman zegt bijvoorbeeld algauw 'Wat is de mening van dit woord?' als hij wil weten wat een woord betekent (*meaning*), of 'Hoeveel tijden moet dat?' als hij zich afvraagt hoeveel keer (*times*) iets gedaan moet worden.

Bij sommige fouten zou de spreker het liefst door de grond willen zakken van schaamte. Dat is natuurlijk ontzettend spijtig voor hem, maar heel leuk voor ons, want dat zijn nu juist de versprekingen die het grappigst zijn. En die fouten vind je in dit boek.

Hoe is dit boek opgebouwd?

De fouten die Nederlanders maken als ze Engels spreken, zijn grofweg terug te brengen tot vijf typen, die elk een eigen hoofdstuk hebben gekregen. Een zesde hoofdstuk gaat over hoe je niet alleen in taal, maar ook in de omgang de fout in kunt gaan. Het boek ziet er daarmee zo uit:

1 They do not pick it: valse vrienden
Zinnen met Engelse woorden die wat vorm of klank betreft lijken op Nederlandse, maar die iets anders betekenen.

2 You are on glad ice: figuurlijke taal
Nederlandse spreekwoorden, uitdrukkingen en gezegden die letterlijk in het Engels worden vertaald, maar in die taal geen figuurlijke betekenis hebben.

3 Can it or can it not: Nederlandse grammatica
Nederlandse zinnen die woord voor woord in het Engels zijn vertaald, op een manier die botst met de Engelse grammatica.

4 I distentiate myself from this: Engelse fantasiewoorden
'Engelse' woorden waarvan een Engelstalige nog nooit heeft gehoord.

5 Accuse me: bijna goed … maar wel fout
Het gekozen woord lijkt op het juiste woord, maar helaas … bijna goed is helemaal fout.

6 Interesting: culturele misverstanden
Engelstaligen bedoelen soms iets anders dan Nederlanders denken. Het gaat dan niet om taalfouten, maar om verschillende verwachtingen die een uitspraak oproept.

De fouten zijn overigens niet altijd even strikt te scheiden, daarom passen sommige uitspraken in verschillende hoofdstukken. Zo is er heel vaak sprake van een Nederlandse zinsvolgorde. Als er dan ook een ander type fout in de zin voorkomt, bijvoorbeeld een valse vriend, dan is de verspreking in die categorie ondergebracht.

Wat kun je in elk hoofdstuk vinden?

Een hoofdstuk begint met een korte inleiding over wat er precies in te lezen valt, gevolgd door bizarre uitspraken in Denglish. De uitspraken hebben steeds dezelfde opbouw. Bijvoorbeeld:

HE IS TOTALLY IN THE WAR

Hij is totaal in de war.

Hij is geheel in de oorlog.

He's utterly confused.

Na de uitdrukking staat achter het symbooltje wat de spreker eigenlijk had willen zeggen en daaronder, na , wat een Engelstalige heeft verstaan. Soms is deze vertaling een beetje aangezet om de Nederlandstalige lezer hetzelfde gevoel te geven als een Engelstalige die de uitspraak hoort. Tot slot volgt na het symbool de oplossing: wat had de spreker dan wel moeten zeggen?

Tips

Dit boek helpt je de valkuilen van het Denglish te vermijden. Zo lees je bij de foute uitspraken hoe het wél moet. En voor wie zich er nog verder in wil verdiepen, zijn er tips die je attent maken op verraderlijke verschillen tussen het Nederlands en het Engels. Deze tips staan in aparte kadertjes. Je herkent ze aan het symbool.

1

THEY DO NOT PICK IT

Valse vrienden: ze klinken hetzelfde,

maar betekenen iets anders

WHEN YOU USE A FALSE FRIEND, YOU WILL GET MANY LAUGHERS ON YOUR HAND. LIKE: 'LET'S PRICK A DATE' OR: 'I HATE YOU WELCOME'. YOU THINK THAT YOU SAY SOMETHING RIGHT, BUT YOU SAY IT COMPLETELY WRONG. 'I ALWAYS GET MY SIN' DOES NOT MEAN: 'IK KRIJG ALTIJD MIJN ZIN', BUT: 'IK KRIJG ALTIJD MIJN ZONDE'. FALSE FRIENDS ARE PER DEFINITION NOT ALSO MEAN, BUT THEY CAN THOROUGHLY EMBARRASS YOU AND YOUR CONVERSATION PARTNERS. BEWARE: THEY DO NOT PICK IT!

Een valse vriend is een woord uit een vreemde taal dat wat zijn vorm of klank betreft lijkt op een Nederlands woord, maar dat iets anders betekent. Tussen vrijwel alle talen bestaan zulke valse vrienden. Zo betekent het Afrikaanse *mooi* niet 'mooi', maar 'leuk', het Deense *flink* betekent 'aardig', het Duitse *bellen* 'blaffen', het Franse *vent* 'wind' en het Friese *mig* betekent niet 'mug', maar 'vlieg'. Ook tussen het Nederlands en het Engels zijn er nogal wat valse vrienden. En als je ze in gesprekken gebruikt, kan het zijn dat je ongemerkt de raarste dingen zegt …

In dit hoofdstuk vind je zinnen met valse vrienden. Elke zin wordt gevolgd door wat er eigenlijk bedoeld was en ook wat een Engelstalige eronder verstaat. En je leest wat het wél had moeten zijn. Het hoofdstuk besluit met een tabel waarin nog zo'n honderdvijftig andere valse vrienden zijn opgesomd.

Gebruikte symbolen:

Je wilt zeggen:

Maar je zegt, of een Engelstalige verstaat:

Je had moeten zeggen:

CAN I DO MY ASS IN HERE?

Mag ik mijn as hierin doen?

Kan ik mijn kont doen hierin?

Can I put my cigarette ashes in here?

I AM A MODERN HOUSEMAN ... I STRIKE MY OWN SHIRTS

- Ik ben een moderne huisman … Ik strijk mijn eigen overhemden.
- Ik ben een moderne knecht … Ik sla mijn eigen overhemden.
- I'm a modern househusband … I iron my own shirts.

YOU ARE VERY SLIM

- Je bent erg slim.
- Je bent heel slank.
- You're very smart. *Or:* You're very clever.

I FEEL A TERRIBLE PINE

- Ik voel een vreselijke pijn.
- Ik voel een vreselijke pijnboom.
- I feel a terrible pain.

BUT EAT WITH MATE

- Maar eet met mate.
- Maar eet met vriend.
- But eat in moderation.

I WILL STOP YOU IN BED

Ik zal je in bed stoppen.

Ik zal je in bed tegenhouden.

I'll put you to bed.

I STOOD IN MY BLOODY RATE

Ik stond in mijn blote reet.

Ik stond in mijn bloedende bedrag.

I was standing butt naked.

MR. RIJKENS IS VERY TIRED AND HE IS RUSTING EVEN

De heer Rijkens is erg moe en hij rust even.

De heer Rijkens is erg moe en hij roest zelfs.

Mr. Rijkens is very tired and he's resting a bit.

LET'S PRICK A DATE

Laten we een datum prikken.

Laten we een datum doorboren.

Let's set a date.

YOU HAVE TONED ME HOW WELL TO DO IT

Je hebt mij getoond hoe het wel te doen.

Je hebt me gestemd hoe goed het te doen.

You've showed me how it's done properly.

COULD YOU PASS THE BONES?

Kunt u de boontjes doorgeven?

Kunt u de botten doorgeven?

Could you please pass the beans?

THIS IS VERY ATTENT

Dit is erg attent.

Dit lijkt erg op een tent.

This is very attentive.

PULL THE FUCK!

Trek de fok aan!

Trek het neuken!

Pull the foresail!

THANK YOU FOR YOUR NICE BRIEF

Dank u voor uw aardige brief

Dank u voor uw leuke slipje.

Thank you for your kind letter.

YOU SHOULD TAKE THE ANGLE OUT OF THE DISCUSSION

Je moet de angel uit het gesprek halen.

Je moet het perspectief uit het gesprek halen.

You should take the sting out of the discussion.

Valse vrienden versus false friends

Er zijn natuurlijk ook heel wat Nederlandse woorden die voor Engelstaligen valse vrienden zijn. Wat te denken van bijvoorbeeld *slagroom?* In het Engels betekent *slag* 'slet', is *slagroom* dus een kamer vol sletten? Sommige woorden kunnen voor sprekers van beide talen een valse vriend zijn. *Storing* is zo'n woord. Als een Engelsman of Amerikaan dat op een kopieermachine ziet staan, denkt hij dat er iets in het geheugen van het apparaat wordt opgeslagen, niet dat er een fout is opgetreden, zoals een Nederlandstalige weet. Iemand die Nederlands als moedertaal heeft, zal misschien schrikken als een computer *storing* meldt, terwijl het apparaat dan alleen bezig is met opslaan.

INDEED, THIS IS MY SEAL RING WITH MY FAMILY WEAPON

Ja, dit is mijn zegelring met mijn familiewapen.

Ja, dit is mijn zeehondenring met het vuurwapen van mijn familie.

Indeed, this is my signet ring with my coat of arms (*or:* family crest).

I FOCK HORSES

Ik fok paarden.

Ik neuk paarden.

I breed horses.

OVER THREE DAYS YOU CAN FLY BACK TO SINGAPORE OVER LONDON

Over drie dagen kunt u over Londen terugvliegen naar Singapore.

Tijdens drie dagen kunt u boven Londen terugvliegen naar Singapore.

In three days time you can fly back to Singapore via London.

WHY IS MR. RIJKENS ON RICE?

Waarom is de heer Rijkens op reis?

Waarom is de heer Rijkens verslaafd aan rijst?

Why is Mr. Rijkens travelling?

THEY HAVE IT ALL

Ze hebben 't al.

Ze hebben alles.

They already have it.

WE STILL HAVE TO SUCK ONE LID

We moeten nog één lid zoeken.

We moeten nog één deksel zuigen.

We still need to find one member.

AM I SITTING FOR YOU?

Zit ik vóór je?

Zit ik hier in jouw belang?

Am I blocking your view? *Or:* Am I in your way?

I HATE YOU ALL HEARTILY WELCOME

Ik heet u allen hartelijk welkom.

Ik haat u allen hartgrondig. Welkom.

I'd like to welcome you all.

COULD YOU PLEASE DEAL OUT THE STAPLE?

Zou u alstublieft de stapel kunnen uitdelen?

Kunt u alstublieft uit het nietje ronddelen?

Would you please hand out the sheets?

WHAT WE SEE MORE AND MORE OVERALL IN EUROPE

Wat we meer en meer zien overal in Europa.

Wat we meer en meer in het algemeen zien in Europa.

What we see increasingly all over Europe.

YOU CAN STOP THIS IN MY BOX

U kunt dit in mijn doos stoppen.

U kunt dit tegenhouden in mijn doos.

You can put this into my box.

WHAT YOU GOT OVER?

Hoeveel heb je overgehouden?

Wat heb je over laten komen?

What do you have left?

IT DOES NOT HAVE SIN TO DO THAT

Het heeft geen zin om dat te doen.

Het levert geen zonde op om dat te doen.

Doing that doesn't make any sense.

THEY DO NOT PICK IT

Ze pikken het niet.

Ze kiezen het niet.

They don't put up with it.

I DID IT WITH A CLOPPING HEART

Ik deed het met een kloppend hart.

Ik deed het met een klepperend hart.

I did it with my heart pounding.

WE ROAM IT OFF

We romen het af.

We zwerven het ervanaf.

We cream it off.

I ALWAYS GET MY SIN

Ik krijg altijd m'n zin.

Ik krijg altijd mijn zonde.

I always get my way.

WE ALWAYS GET OUR SIN TOO

Wij krijgen ook altijd onze zin.

Wij krijgen ook altijd onze zonde.

We always get our way too.

WE APPRECIATE THE CONFIDENCE THAT YOU HAVE OUTSPOKEN

We waarderen het vertrouwen dat u hebt uitgesproken.

We waarderen het vertrouwen dat u hebt openhartig.

We appreciate the confidence you've expressed.

IT STILL NEEDS A REFINERY HERE AND THERE

Het moet hier en daar nog wat verfijnd worden.

Het heeft hier en daar nog een raffinaderij nodig.

It still needs some refinement.

IT LUCKS WELL

Het lukt wel

Er is gebrek aan goed.

It's going well.

I TAKE OFF MY PET

Ik neem m'n petje af.

Ik verwijder mijn huisdier.

I raise my hat.

HE HAS ONE OVER

Hij heeft er een over.

Hij heeft er een over laten komen.

He's got one left.

YOU ARE AN EXCELLENT UNDERTAKER

Je bent een uitstekende ondernemer.

Je bent een uitstekende begrafenisondernemer.

You're an excellent entrepeneur.

MAY I THANK YOUR COCK FOR THE LOVELY DINNER?

Mag ik uw kok bedanken voor het heerlijke diner?

Mag ik uw lul bedanken voor het heerlijke diner?

May I thank your chef for this lovely dinner?

THE BUILDING WAS SHAKING ON ITS FUNDAMENTALS

Het gebouw schudde op z'n grondvesten.

Het gebouw schudde op z'n grondbeginselen.

The building was shaking on its foundation.

I UNDERSTAND PRECISE WHAT YOU MEAN

Ik begrijp precies wat u bedoelt.

Ik begrijp nauwlettend wat u bedoelt.

I understand exactly what you mean.

I WAS VERY FOCUSSED ON MY FUCK

Ik concentreerde me volledig op m'n vak.

Ik concentreerde me volledig op mijn neukpartij.

I was very focussed on my profession.

I WILL JOT IT DOWN ON MY BLOCNOTE

Ik schrijf het op m'n blocnote.

Ik zal het noteren op mijn bloknotitie.

I'll jot it down on my pad.

GO YOUR GANG

Ga je gang.

Ga jouw groep.

Go ahead.

LET ME BRING MORE CLEARING IN THE MATTER

Laat mij meer helderheid in de zaak brengen.

Laat mij meer open plekken in de zaak brengen.

Let me clarify this matter.

THE WINE IS UP

De wijn is op.

De wijn is boven.

There's no more wine left.

Meer valse vrienden

In de tabel op de volgende pagina's vind je een alfabetisch overzicht van zo'n honderdvijftig andere valse vrienden. Hoe gebruik je de tabel? Stel dat je iemand vals vindt, dus gemeen, en dat het eerste Engelse woord dat je te binnen schiet *false* is. Als je nu in de tabel in de eerste kolom ('je wilt zeggen') zoekt naar *vals*, dan zie je in de tweede kolom ('je zegt') *false* staan. Dat betekent dat je dat woord niet kunt gebruiken, omdat het Engelse *false* dan niet betekent wat je wilt zeggen. In de derde kolom ('maar dat betekent') staat waarom je beter een alternatief kunt kiezen, want *false* betekent 'onwaar'. Wil je het goed doen, kijk dan in de vierde kolom ('je moet zeggen'), daarin vind je dat je *mean* of *vicious* moet zeggen.

je wilt zeggen	je zegt	maar dat betekent	je moet zeggen
actueel	actual	werkelijk	current
administratie	administration	regering, bestuur	accounts
angel	angel	engel	sting
bad	bad	slecht, kwaadaardig	bath
baker	baker	bakker	midwife
bank	bank	oever	bench (zonder bekleding), couch
been	been	geweest	leg
beer	beer	bier	bear
beet	beet	rode biet	bite
believen	believe	geloof	liking
bevel	bevel	helling	order
bewaren	beware	oppassen	keep (houden), save, store (opslaan)
big	big	groot	piglet
big	pig	varken	piglet
bij	by	door	bee
bil	bill	rekening	buttock
bleek	bleak	guur	pale
boor	bore	saaie boel	drill
boot	boot	laars	boat
braaf	brave	dapper	good, obedient (gehoorzaam)

je wilt zeggen	je zegt	maar dat betekent	je moet zeggen
brand	brand	merk	fire
breed	bread	brood	wide, broad
brigadier	brigadier	brigadegeneraal	police sergeant
broek	brook	stroompje	trousers
brutaal	brutal	gewelddadig	rude
buk	buck	dollar, mannetjesdier	duck
buitenlands	outlandish	buitenissig	foreign
chef	chef	kok	boss
consequent	consequent	effect voortvloeiend uit	consistent
deceptie	deception	bedrog	disappointment
diarree	diary	dagboek, agenda	diarrhoea
dier	dear	lieveling	animal
directie	direction	richting	management
dood	dote	aanbidden	dead
doop	dope	drugs	christening
drift	drift	drijven	anger
drijven	drive	rijden	float
drop	drop	druppel	liquorice
elk	elk	eland, wapiti	each
even ('kort')	even	vlak, gelijkmatig	just, shortly
eventueel	eventually	uiteindelijk	possibly
exemplaar	example	voorbeeld	copy
fabriek	fabric	stof	factory
fagot	faggot	homoseksueel	bassoon

je wilt zeggen	je zegt	maar dat betekent	je moet zeggen
fiets	feats	prestaties	bicycle
flikker	flicker	trilling	faggot, queer
fotograaf	photograph	foto	photographer
fysicus	physician	arts	physicist
glad	glad	blij	slippery
globaal	global	mondiaal	rough
grime	grime	vuil	make-up
gymnasium	gymnasium	gymzaal	grammar school, high school (Amerika)
handel	handle	handvat	business
haven	heaven	hemel	harbor
heet	hate	haat	hot
helm	helm	roer	helmet
hoed	hood	kap	hat
hoor	whore	hoer	hear (hoor), listen (luisteren)
ijdel	idle	lui, nietsdoend	vain
kaas	case	zaak	cheese
kind	kind	aardig, soort	child
knokken	knock	kloppen	fight
koek	cook	kok, koken	cake, cookie, biscuit
kok	cock	lul	chef, cook
kook	coke	cocaïne, coca cola	boil, cook
kou	cow	koe	cold
kruis	cruise	plezierreis per schip	cross

je wilt zeggen	je zegt	maar dat betekent	je moet zeggen
kwik	quick	snel	mercury
lek	leg	been	leak
lief	leaf	blad	dear
lief	leave	verlaten	dear
lijk	like	als, houden van	dead body
lozen	lose	verliezen	drain
lul	lull	stilte	cock, prick
magazijn	magazine	tijdschrift	warehouse
mais	mice	muizen	maize, corn
meerkat	meerkat	stokstaartje	guenon
mening	meaning	betekenis	opinion
mes	mess	troep, kantine	knife
modder	mother	moeder	mud
mode	mode	modus, wijze	fashion
mop	mop	dweil	joke
mug	mug	mok	mosquito
novelle	novel	roman	short story
ochtendjas	morning coat	jacquet	dressing gown, housecoat (voor vrouwen)
of	of	van	or
onderarm	underarm	oksel	forearm
oordeel	ordeal	beproeving	judgement
ordinair	ordinary	gewoon	vulgar
overhoren	overhear	afluisteren	test

je wilt zeggen	je zegt	maar dat betekent	je moet zeggen
paarden	pardon	vergeven, pardon	horses
paragraaf	paragraph	alinea	section
peen	pain	pijn	carrot
peper	paper	papier	pepper
petroleum	petrol	benzine	petroleum
pies	peace	vrede	piss
pies	piece	stuk	piss
pijl	pile	stapel	arrow
pit	pit	kuil	seed, pip
pols	poles	palen, Polen, polen	wrist
proberen	probe	onderzoeken	try
prop	prop	rekwisiet	ball, wad
raar	rare	zeldzaam	strange, weird
ramp	ramp	verkeersdrempel	disaster
recept	receipt	reçu	prescription, recipe
reep	rape	verkrachting	strip (strook), chocolate bar (reep)
rente	rent	huur	interest
rok	rock	rots	skirt
rook	rook	toren	smoke
schaven	shave	scheren	polish, scrape
scholier	scholar	geleerde	pupil, student
sectie	sexy	opwindend	autopsy, section
ski	sky	hemel	ski

je wilt zeggen	je zegt	maar dat betekent	je moet zeggen
sloop	slope	helling	demolition (van gebouw), pillow case
smal	small	klein	narrow
smart	smart	slim	sorrow
snoep	snoop	rondsnuffelen	candy
solliciteren	solicit	verzoeken, tippelen	apply (for)
spijt	spite	wrok	regret
springen	spring	lente	jump
stoel	stool	kruk, ontlasting	chair
storing	storing	aan het opslaan	failure, out of service
stout	stout	dik, gezet	naughty
stuk	stuck	vast	piece, part
teek	take	nemen	tick
tof	tough	stoer	great
toneel	toenail	teennagel	stage
uitmaken	make out	klaarspelen, vrijen	break off (relatie), put out (vuur)
vaart	fart	scheet	speed (snelheid), voyage (reis)
vakantie	vacancy	vacature, lege plaats	holiday, vacation
vals ('gemeen')	false	vals ('onwaar')	mean, vicious
van	van	bestelwagen	of, from
vast	fast	snel	fixed, regular, sure

je wilt zeggen	je zegt	maar dat betekent	je moet zeggen
vast	vast	enorm	fixed, regular, sure
vet	vet	dierenarts	grease
vrij	fry	bakken	free
war	war	oorlog	confusion, tangle
warenhuis	warehouse	pakhuis	department store
wet	wet	nat	law
willen	will	testament, zullen	want
wissel	whistle	fluiten	subsitute (speler), switch (spoorwegen)
worst	worst	slechtst	sausage
zeef	safe	veilig	sieve, strainer
zeef	save	bewaren	sieve, strainer
zinvol	sinful	zondig	significant
zoen	soon	binnenkort, snel	kiss

2

YOU ARE ON GLAD ICE

Figuurlijk Nederlands letterlijk vertaald

SOME HOTEMETOTES DON'T TURN THEIR HAND AROUND FOR IT. THEY JUST TRANSLATE DUTCH EXPRESSIONS INTO ENGLISH AND THEY ARE SURPRISED IF THEIR ENGLISH SPEAKING LISTENERS DO NOT UNDERSTAND A RATE OF IT. THEY SAY: 'WE SHOULD NOT THROW AWAY THE BABY WITH THE BAD WATER' AND: 'I AM SITTING HERE FOR BACON AND BEANS'. YOU KNOW INMIDDLES THAT YOU SHOULD NOT FALL INTO THIS TRAP. BECAUSE IF YOU TRANSLATE DUTCH EXPRESSIONS LETTERLY, YOU ARE ON GLAD ICE!

Uitdrukkingen zijn niet letterlijk bedoeld, maar figuurlijk. Als je bijvoorbeeld zegt: 'Maak dat de kat wijs', spoor je iemand niet aan om met zijn kat te gaan praten, maar beweer je dat je hem niet gelooft. Heel veel uitdrukkingen die in het Nederlands worden gebruikt, bestaan helemaal niet in het Engels. Als je ze vertaalt, zal een Engelstalige ze daarom letterlijk nemen. Vertaal je *maak dat de kat wijs* bijvoorbeeld als *make that the cat wise*, dan zal een Engelstalige raar staan te kijken. Hij begrijpt niet dat je bedoelt: 'daar geloof ik niets van'. In het Engels bestaan daar andere uitdrukkingen voor, namelijk: *and pigs fly* en *go tell it to the marines*.

In dit hoofdstuk vind je voorbeelden van letterlijk vertaald figuurlijk Nederlands. Er staat weer bij wat een Engelstalige verstaat. Maar soms is die vertaling achterwege gelaten, omdat de zin in het Engels een woordelijke vertaling is van die in het Nederlands – alleen kan de Engelstalige er geen chocola van maken, omdat hij de woorden letterlijk neemt.

En hoe het wel moet? Voor de meeste Nederlandse uitdrukkingen vind je een Engels alternatief. Als je deze Engelse zinnetjes op gepaste momenten gebruikt, zul je je toehoorders versteld doen staan van je kennis van het Engels. Want juist dit figuurlijke taalgebruik is de kers op de taart.

Gebruikte symbolen:

Je wilt zeggen:

Maar je zegt, of een Engelstalige verstaat:

Je had moeten zeggen:

HE DID NOT EAT ANY CHEESE OF IT

Hij heeft er geen kaas van gegeten.

Hij at geen enkele kaas daarvan.

He doesn't know the first thing about it.

NOW BREAKS MY WOODEN SHOE

Nu breekt mijn klomp.

Nu begeeft mijn klomp het.

I'm blown.

THIS TIME I WILL SEE IT THROUGH THE FINGERS

Dit keer zal ik het door de vingers zien.

Deze keer zal ik het wel door de vingers heen helpen.

I will turn a blind eye towards it, but just this once.

YOU ARE LOOKING WITH YOUR NOSE!

Je kijkt met je neus!

You're looking for something with your eyes closed.

HE DOES IT ON THE WALKING TYRE

Hij doet het aan de lopende band.

Hij doet het op de wandelende autoband.

He does it all the time.

I ALMOST WENT OF MY STICK

Ik ging bijna van m'n stokje.

Ik had bijna geen interesse meer voor mijn stok.

I almost passed out.

YOU ARE WALKING TOO HARD FROM STAPLE

Je loopt te hard van stapel.

Je wandelt te moeilijk van het nietje.

You're getting ahead of yourself.

YOU HAVE A PIECE IN YOUR COLLAR

Je hebt een stuk in je kraag.

Je hebt een brok in je boord.

You're in your cups.

Zoek naar de strekking van een uitdrukking

Als je een uitdrukking gebruikt, zeg je niet letterlijk wat je bedoelt, maar verwoord je je bedoeling met beeldspraak. Mensen die dezelfde taal spreken, weten wat je met die beeldspraak wilt zeggen. Ze weten bijvoorbeeld dat *een stuk in zijn kraag hebben* 'dronken zijn' betekent. Het Engels kent net als het Nederlands uitdrukkingen, maar meestal is de beeldspraak anders dan in het Nederlands. Als je niet zeker weet of een bepaalde uitdrukking ook in het Engels bestaat, vertaal de Nederlandse uitdrukking dan niet woord voor woord in het Engels. Zoek liever naar een formulering die de strekking weergeeft van wat je bedoelt. *Hij heeft een stuk in zijn kraag* kun je bijvoorbeeld eenvoudig verwoorden als *He's drunk*.

HE WASN'T BROUGHT OFF HIS PIECE

Hij werd niet van z'n stuk gebracht.

Hij werd niet uit zijn toneelstuk geplukt.

He didn't lose his head.

THERE COMES THE MONKEY OUT OF THE SLEEVE

Daar komt de aap uit de mouw.

Finally the truth comes out.

WE MUST TRY TO FIT A SLEEVE ON IT

We moeten er een mouw aan passen.

We have to find a way around it.

DON'T SIT DOWN BY THE PACKAGES

Zit niet bij de pakken neer.

Ga niet naast de pakketten zitten.

Never say die.

HE SPEAKS ENGLISH FROM HOUSE OUT

Hij spreekt Engels van huis uit.

Hij spreekt Engels vanuit zijn huis.

English is his mother tongue. *Or:* English is his native language.

CAN YOU MAKE THAT HARD?

Kunt u dat hard maken?

Kunt u dat moeilijk maken?

Can you substantiate that claim?

YOU SHOULD THROW THEM FOR THE LIONS

Je moet ze voor de leeuwen gooien.

Je moet ze in plaats van de leeuwen gooien.

You should throw them to the wolves.

WE SHOULD NOT THROW AWAY THE BABY WITH THE BAD WATER

We moeten het kind niet met het badwater weggooien.

We moeten de baby niet weggooien met het slechte water.

We should not throw out the baby with the bathwater.

HE IS RAZING MY HAIRS (OR: RAISING MY HARES)

Hij laat mij de haren te berge rijzen.

Hij maakt mijn haren met de grond gelijk. *Of:* Hij voedt mijn hazen op.

He makes my hair stand on end.

HE WALKED HIS LEGS OUT OF HIS LIFE

Hij heeft z'n benen uit z'n lijf gelopen.

Hij liep zijn benen uit zijn leven.

He ran himself into the ground.

I AM SITTING HERE FOR BACON AND BEANS

Ik zit hier voor spek en bonen.

Ik zit hier in plaats van spek en bonen.

I'm purely decorative. *Or:* I'm sitting here for nothing.

SHE HAS LOOKED TOO DEEP IN THE GLASS

Ze heeft te diep in het glaasje gekeken.

Ze heeft te diep binnen het glas gekeken.

She has had one too many.

DON'T DRIVE THE SPOT WITH ME!

Drijf de spot niet met me!

Rijd de puist niet met me!

Don't poke fun at me!

MAKE YOUR BREAST WET!

Maak je borst maar nat!

Maak je borst nat!

Brace yourself!

THEN THE QUARTER FELL

Toen viel het kwartje.

Toen werd de legerplaats ingenomen.

Then the penny dropped.

SHE GAVE ME FROM COTTON

Ze gaf me van katoen.

Ze gaf me terug van katoen.

She let me have it.

I SEE THE FUTURE DARK

Ik zie de toekomst donker in.

Ik zie het toekomstige duister.

I take a gloomy view of the future.

HE IS A STRANGE DUCK IN THE BITE

Hij is een vreemde eend in de bijt.

Hij is een eigenaardige eend in de beet.

He's the odd man out.

THE BULLET IS THROUGH THE CHURCH

De kogel is door de kerk.

The decision has been made.

I AM NOT CLAPPING OUT OF THE SCHOOL

Ik klap niet uit de school.

Ik ben niet buiten de school aan het applaudisseren.

I won't blab.

THANK YOU THE CUCKOO!

Dank je de koekoek!

Not on your life!

YOU SHOULD NEVER LOOK A GIVEN HORSE IN THE BACK

Je moet een gegeven paard nooit in de bek kijken.

Je moet een gegeven paard nooit in de rug kijken.

Never look a gift horse in the mouth.

IT TASTES FOR MORE

Het smaakt naar meer.

Het smaakt voor meer.

That's very morish.

YOU ARE ON GLAD ICE

Je bent op glad ijs.

Je bent op blij ijs.

You're skating on thin ice.

HE IS TOTALLY IN THE WAR

Hij is totaal in de war.

Hij is geheel in de oorlog.

He's utterly confused.

OLD COOK!

Oude koek!

Oude kok!

That's old hat.

I EARNED MY SPURS IN ASIA AND NOW IT IS DIFFICULT TO LET IT LOOSE

Ik heb m'n sporen in Azië verdiend en nu is het moeilijk om het los te laten.

I've won my spurs in Asia and now it's difficult to let go.

SHE IS NOT THE FIRST THE BEST

Zij is niet de eerste de beste.

She isn't just anybody.

I WOULD LIKE TO STAND STILL BY THIS POINT

Ik zou bij dit punt willen stilstaan.

Ik zou naast dit punt stil willen staan.

I would like to give attention to this issue.

I WON'T SHOW THEM THE BACK OF MY TONGUE

Ik zal ze niet het achterste van m'n tong laten zien.

Ik zal ze niet de achterkant van m'n tong laten zien.

I won't speak my mind.

HE IS STILL NOT HERE, BUT HE IS ALREADY ON ROAD

Hij is hier nog steeds niet, maar hij is al op weg.

Hij is er nog niet, maar hij is al op reis.

He isn't here yet, but he is on his way.

WE WILL GO OVER TO THE ORDER OF THE DAY

We gaan over tot de orde van de dag.

We zullen overlopen naar de orde van de dag.

We will proceed to the order of the day.

I WOULD LIKE TO GIVE THE WORD TO MR. RIJKENS

Ik wil het woord geven aan de heer Rijkens.

Ik wil het woord overhandigen aan de heer Rijkens.

I would like to give the floor to Mr. Rijkens.

I HAVE BITTEN MYSELF FAST IN THIS SUBJECT

Ik heb me vastgebeten in dit onderwerp.

Ik heb mezelf snel gebeten in dit onderwerp.

I've sunk my teeth into this subject.

I DO NOT WANT TO FALL WITH THE DOOR IN HOUSE

Ik wil niet met de deur in huis vallen.

I don't want to come straight to the point.

I DO NOT WANT TO MOW AWAY THE GRASS FOR YOUR FEET

Ik wil het gras niet voor je voeten wegmaaien.

Ik wil het gras niet wegmaaien ten gunste van jouw voeten.

I don't want to remove the ground from under your feet.

I DO NOT BELIEVE THAT YOU CAN GET IT FROM THE GROUND

Ik geloof niet dat je het van de grond kunt krijgen.

Ik geloof niet dat je het kunt krijgen van de grond.

I don't believe that you can get it off the ground (*or:* can get it started).

ANYWHERE NEAR IN THE FUTURE THIS WILL DISAPPEAR AS SNOW FOR THE SUN

Ergens in de nabije toekomst verdwijnt dit als sneeuw voor de zon.

Waar dan ook dichtbij in de toekomst zal dit verdwijnen als sneeuw voor de zon.

In the near future this will vanish into thin air.

WE SHOULD STOP COFFEE THICK LOOKING

We moeten ophouden met koffiedik kijken.

We zouden koffie dik moeten laten stoppen met kijken.

We haven't got a crystal ball.

I HAVE NOT FALLEN ON MY BEHIND HEAD!

Ik ben niet op m'n achterhoofd gevallen!

Ik ben niet op mijn achterste hoofd gevallen!

I wasn't born yesterday!

THERE IS NOTHING ON THE HAND

Er is niets aan de hand.

Er is niets op de hand.

There's nothing the matter.

SHALL WE RUN IT THROUGH?

Zullen we erdoorheen lopen?

Zullen we het erdoorheen jagen?

Shall we run through it briefly?

IT IS RUNNING OUT OF HAND

Het loopt uit de hand.

Het druipt uit de hand.

It's getting out of hand.

WE SHOULD STOP NAVEL STARING

We moeten ophouden met navelstaren.

We should stop being so introspective.

YOU ARE STICKING YOUR HEAD IN THE SAND

Je steekt je kop in 't zand.

You're burying your head in the sand.

DON'T BREAK ME THE BACK OPEN

Breek me de bek niet open.

Breek me de rug niet open.

You're telling me!

THAT IS VERY SHORT THROUGH THE CURVE

Dat is erg kort door de bocht.

Dat is erg klein de bocht doorgaand.

You're jumping to conclusions.

WE SHOULD GET THE NOSES IN THE SAME DIRECTION

We moeten de neuzen in dezelfde richting krijgen.

We have to make sure everyone's on the same wavelength.

AS I SAID YOU, THIS IS WET FINGER WORK

Zoals ik je vertelde, is dit nattevingerwerk.

Toen ik 'jou' zei, dit is nat vingerwerk.

As I stated before, this is guesswork.

YOU HAVE TO LOOK FURTHER THAN YOUR NOSE IS LONG

Je moet verder kijken dan je neus lang is.

Je moet verder kijken. Dan is je neus lang.

You should look further than the tip of your nose.

I DON'T WANT TO SHOOT MY HERBS

Ik wil m'n kruit niet verschieten.

Ik wil mijn kruiden niet neerschieten.

I don't want to show my hand.

YOU ARE ALREADY A LITTLE ON ROAD

Je bent al een beetje op weg.

Je bent al een kleintje op straat.

You're already starting to make progress.

KEEP IT IN THE HOLES

Houd 't in de gaten.

Zorg dat het in de gaten blijft.

Keep an eye on it.

THERE ARE VARIOUS FORCEFIELDS

Er zijn diverse krachtvelden.

Er zijn diverse magnetische velden.

There are various spheres of influence.

CONTRARIOUS TO WHAT YOU SAID BEFORE, THE ARGUMENTS ARE FOR THE PICKING-UP

In tegenstelling tot wat u eerder zei, liggen de argumenten voor het oprapen.

Afwijkend tot wat u eerder zei, zijn de argumenten voorstanders van het oppakken.

Contrary to what you said before, there are numerous arguments.

ALL MADNESS ON A SMALL STICK

Alle gekheid op een stokje.

Alle waanzin op een kleine stok.

All joking aside.

I NEARLY WENT OVER MY NECK

Ik ging bijna over m'n nek.

Ik had bijna mijn nek grondig bekeken.

I almost threw up.

THEY TRY TO GET AWAY FROM UNDER

Ze proberen eronderuit te komen.

Ze proberen weg te komen van onder.

They're trying to wriggle out of it.

I SAT WITH MY MOUTH FULL OF TEETH

Ik zat met m'n mond vol tanden.

Ik zat met m'n mond vol met tanden.

I was at a loss for words.

HE SHOULD BE DISMISSED ON STANDING FOOT

Hij zou op staande voet moeten worden ontslagen.

Hij zou ontslagen moeten worden op een staánde voet.

He should be dismissed (*or:* fired) on the spot.

WE ARE THE CHILD OF THE BILL

Wij zijn het kind van de rekening.

Wij zijn het kind van de politie.

We're the losers.

WE DO NOT GET OUT

We komen er niet uit.

We gaan niet naar buiten.

We can't solve this. *Or:* We can't agree.

IT IS ALL FIREWOOD

Het is allemaal brandhout.

It's all rubbish.

WE ARE WALKING BEHIND

We lopen achter.

We lopen achteraan.

We lag behind. *Or:* We're behind the times. *Or:* We're delayed.

THIS IS NOT FOR THE PUSSY

Dit is niet voor de poes.

Dit is niet voor het poesje.

This is no kids' stuff.

WE NEED TO HOLD SOMETHING BEHIND THE HAND

We moeten iets achter de hand houden.

We moeten iets vasthouden achter de hand.

We need to keep something in reserve.

IT IS NOT ROUND YET

Het is nog niet rond.

Het heeft nog geen ronde vorm aangenomen.

It isn't final yet.

I WORK MYSELF THE BLUBBERS

Ik werk me de blubbers.

Ik werk mezelf de walvisspekken.

I work my ass off.

YOU ARE VERY HEAVY ON THE HAND

Je bent erg zwaar op de hand.

Je rust wel zwaar op de hand.

You're rather heavy-hearted.

I GIVE MY VOICE TO PETER

Ik geef mijn stem aan Peter.

Ik overhandig mijn stem aan Peter.

I vote for Peter.

THROUGH THE BANK TAKEN I AGREE WITH YOU

Door de bank genomen ben ik het met je eens.

Door het bankgebouw genomen, ben ik het met je eens.

Broadly speaking, I agree with you.

WE MUST PUT WATER IN THE WINE

We moeten water bij de wijn doen.

We moeten water doen in de wijn.

We need to moderate our demands.

WE WERE HANGING ON YOUR LIPS

We hingen aan je lippen.

We hielden je lippen stevig vast.

We were hanging on your every word.

YOU LOOK LIKE TWO HANDS ON ONE BELLY

Jullie lijken wel twee handen op één buik.

Je hebt het uiterlijk van twee handen op één buik.

It seems as though you are hand in glove with each other.

SOMETHING HANGS ABOVE OUR HEAD

Er hangt ons iets boven 't hoofd.

There's something hanging over our heads.

THAT'S THE EGG OF COLUMBUS

Dat is het ei van Columbus.

That's just the thing.

I SEE A SMALL LIGHT POINT

Ik zie een lichtpuntje.

Ik zie een klein, licht puntje.

I see a ray of hope.

THEY WILL SOON WALK IN THE RED FIGURES

Ze zullen spoedig in de rode cijfers lopen.

Ze zullen spoedig in de rode figuren wandelen.

They'll soon be in the red.

HE IS THE CIGAR

Hij is de sigaar.

He's the joker. *Or:* He's had it.

I FOLLOW YOU ON THE FOOT

Ik volg je op de voet.

I follow in your footsteps.

HE FELL WITH HIS NOSE IN THE BUTTER

Hij viel met z'n neus in de boter.

Samen met zijn neus viel hij in de boter.

He was in the right place at the right time.

IT IS ON THE PLANK

Het ligt op de plank.

Het is op de plank.

It's put on the shelf.

WE GO IN SEA WITH YOU

We gaan met jullie in zee.

We gaan naar zee met jullie.

We throw in our lot with you. *Or:* We're with you.

WE ARE ON THE ROAD ACHIEVING OUR TARGETS

We zijn op weg om onze doelstellingen te bereiken.

We rijden op de weg, bezig onze doelen te bereiken.

We're on target to achieve our goals.

YOU WERE SITTING GOOD IN YOUR SKIN

Je zat goed in je vel.

Je zag er goed uit in je huid.

You were feeling on top of the world.

HE STOOD WITH MOUTH OPEN

Hij stond met open mond.

Hij stond met mond open.

He was lost in amazement.

I WOULD DO IT AGAINST ALL PRICE

Ik zou het tegen elke prijs doen.

Ik zou het doen in strijd met alle prijs.

I'd do it for any price. *Or:* I'd do it at all costs.

WE HAVE THE WIND AGAINST US

We hebben de wind tegen.

De wind is tegen ons.

We're sailing against the wind.

HE DID NOT PRICK THROUGH IT

Hij prikte er niet doorheen.

Hij stak er niet doorheen.

He couldn't disprove it.

3

CAN IT OR CAN IT NOT?

Nederlandse zinnen van Engelse woorden

DO THE DUTCH REALLY SPEAK SUCH GOOD ENGLISH? FORGET IT BUT! BECAUSE BOTH LANGUAGES ARE CLOSE RELATIVES OF EACH OTHER, DUTCH PEOPLE QUICKLY GRAB THE DUTCH GRAMMATICS IF THEY SPEAK ENGLISH. LIKE: 'MAKE IT A LITTLE' OR: 'IT IS ME WHAT'. SO: CAN IT OR CAN IT NOT?

Als je een vreemde taal leert, is het vaak lastig om je de grammatica ervan eigen te maken. Veel Denglish ontstaat dan ook doordat Nederlanders hun gedachten woord voor woord in het Engels vertalen. Zoals: *forget it but* en *this is not to do*.
Eigenlijk spreken ze dus Nederlands, maar zetten ze Engelse woorden op de plaats van de Nederlandse. En dat kan soms wel, maar vaak gaat het net niet goed en nog vaker helemaal fout. Van de gevallen waarin het misgaat, vind je in dit hoofdstuk voorbeelden. Natuurlijk staat er ook weer bij hoe het dan wel zou moeten.

Gebruikte symbolen:

Je wilt zeggen:

Maar je zegt, of een Engelstalige verstaat:

Je had moeten zeggen:

YOU ARE NOT GOOD SNICK!

Je bent niet goed snik!

Je bent niet goed, knip!

You're off your rocker!

YOU CAN ME WHAT

Je kunt me wat.

Je kunt iets voor mij in een blik doen.

You can whistle for it, for all I care.

I CAN SEE IT TOTALLY IN FRONT OF ME

Ik zie het helemaal voor me.

Ik kan het geheel hier voor me zien.

I can imagine it perfectly.

LET'S GO ON STEP

Laten we op stap gaan.

Laten we op traptrede gaan.

Let's go out.

IT IS COMPLETELY FALLING OUT OF EACH OTHER

Het valt helemaal uit elkaar.

Het is volledig van elkaar verwijderd aan het raken.

It's completely falling apart.

I STILL SPEAK YOU

Ik spreek je nog.

Ik praat je nog steeds.

I'll see you. *Or:* We'll talk later.

I BOUGHT SPECIAL FOR THIS EVENING A NEW SPECTACLE

Ik heb speciaal voor deze avond een nieuwe bril gekocht.

Ik kocht bijzonders voor deze avond: een nieuw spektakel.

I bought new spectacles especially for this evening.

NEXT TIME BETTER!

Volgende keer beter!

Beter volgende keer!

Better next time!

THERE IS NO WINE MORE

Er is geen wijn meer.

Daar is geen wijn, meer.

There's no more wine left.

LET'S GO THROUGH IT STEP FOR STEP

Laten we er stap voor stap doorheen gaan.

Laten we er stap ten gunste van stap doorheen gaan.

Let's go through it step by step.

MAKE IT A LITTLE

Maak het een beetje.

Maak het een kleintje.

Come on now. *Or:* Oh, really?

I HAVE YOU THROUGH

Ik heb je door.

Ik heb je erdoorheen.

I'm on to you.

YOU ARE NOT GOOD WISE

Je bent niet goed wijs.

Je bent niet goed gewijze.

You're mad. *Or:* You're crazy.

Het zijn *also* de kleine woordjes die het doen

Juist kleine woordjes verraden gemakkelijk dat Engels niet je moedertaal is. Sprekers van het Nederlands zetten die woordjes in het Engels vaak op de plaats in de zin waar ze in het Nederlands horen te staan. In Engelse oren klinkt dat heel vreemd. Neem nu het woord *also*, dat 'ook' betekent. In het Nederlands kan een zin gemakkelijk met *ook* beginnen. Maar in het Engels is dat heel ongebruikelijk. Waar moet je *also* dan wel plaatsen?

- In een zin met één werkwoord zet je het vóór het werkwoord: *I also read books.*
- In een zin met twee of meer werkwoorden achter elkaar zet je het doorgaans na het eerste werkwoord: *They can also come home.*

IT IS THE HIGHEST TIME TO ACT

Het is de hoogste tijd om iets te doen.

Het is de hoogst denkbare tijd die er is om iets te doen.

It's high time we acted.

THIS IS HOW WE DID IT IN THE YEARS FIFTY

Zo deden we het in de jaren vijftig.

Dit is hoe we het in vijftig jaren hebben gedaan.

This is how we did it in the fifties.

WHO HAD THAT THOUGHT?

Wie had dat gedacht?

Wie had die gedachte?

Who would have expected that?

I KNOW WELL BETTER

Ik weet wel beter.

Ik weet goed beter.

I know better than that. *Or:* I know best.

I LIVED IN GERMANY DURING MY YOUNG YEARS

Ik woonde in Duitsland gedurende mijn jonge jaren.

Ik woonde in Duitsland toen mijn jaren nog jong waren.

I spent my youth in Germany.

BUT NOW I AM DOING EASY

Maar nu doe ik het rustig aan.

Maar nu doe ik gemakkelijk.

But nowadays I'm taking it easy.

WITH THAT ALL THAT DOES NOT PLAY

Bij dat alles speelt dat niet.

Met dat alles dat speelt niet.

That isn't an issue here.

IN GREAT LINES I AGREE

In grote lijnen ben ik het ermee eens.

In grootse lijnen ben ik het ermee eens.

Broadly speaking, I agree.

LET IT WALK!

Laat maar lopen!

Laat 'het' lopen!

Just let it go!

JUST SAY IT OUT OF YOUR HEAD

Zeg het maar uit je hoofd.

Zeg het maar buiten je hoofd.

Just speak at lib. *Or:* Just improvise.

HE HAD OTHER FIGURES IN HIS HEAD

Hij had andere cijfers in z'n hoofd.

Hij bezat andere figuren in zijn hoofd.

Those figures are not what he had in mind.

THAT SAYS NOTHING!

Dat zegt niets!

Dat praat niet!

That means nothing!

I WILL LEAVE IT BY THIS

Ik wil het hierbij laten.

Ik verlaat het hiermee.

I'll leave it at that.

I SPEAK OUT A TOAST ON MR. RIJKENS

Ik toast op de heer Rijkens.

Ik spreek vrijuit een toast op de heer Rijkens.

I propose a toast to Mr. Rijkens.

Bring or take?

Zeg 'We're taking a dog' of 'Do you take a beer?' tegen een Engelstalige, en hij zal denken: oké, maar waarheen dan? En op bezoek in een bedrijf zeg je niet 'Bring me to your boss', maar 'Take me to your boss'.
De werkwoorden *bring* en *take* worden dus anders gebruikt dan in het Nederlands *brengen* en *nemen*. Als je in het Engels wilt zeggen 'We nemen een hond', zeg dan 'We're getting ourselves a dog'. En 'Neem je een biertje?' is 'Are you having a beer?'

A COLLECTION WILL BE HELD FOR A NEW CARPET. ALL THOSE WISHING TO DO SOMETHING ON THE NEW CARPET ARE ASKED TO DO SO

Er zal een collecte worden gehouden voor een nieuw kleed. Iedereen die iets aan het nieuwe kleed wil bijdragen, wordt daartoe opgeroepen.

Een collectie zal worden vastgehouden voor een nieuw kleed. Iedereen die iets op het nieuwe kleed wil doen, wordt gevraagd dat te doen.

A collection will be made to buy a new carpet and everyone is invited to contribute.

OKAY, STOP IT THERE IN

Goed, stop het er maar in.

Goed, hou daarmee op daarin.

Okay, put it in there.

TILL SOON!

Tot gauw!

Tot aan spoedig!

See you soon!

IT WILL WHAT SAY

Het wil wat zeggen.

Iets zal wat zeggen.

It really means something.

WHAT DO YOU?

Wat doe je?

Wat ben je aan het …?

What are you doing?

WHAT DO YOU DO?

Wat doet u voor werk?

Wat doet u daar?

What's your job? *Or:* What do you do for a living?

I HAVE RECENTLY GONE WITH PENSION

Ik ben recentelijk met pensioen gegaan.

Ik heb kortgeleden met pensioen gegaan.

I recently retired.

WHY IS HE TOO LATE?

Waarom is hij te laat?

Waarom is ook hij laat?

Why he is late?

WE ARE THERE BUSY WITH

We zijn er druk mee bezig.

We zijn daar in de weer mee.

We're busy doing that.

WHAT FOR PEOPLE DO YOU NEED?

Wat voor mensen heb je nodig?

Wat heb je voor die mensen nodig?

What kind of people are you looking for?

I ALREADY SENT IT SOMEWHERE HALF 2008

Ik heb het al ergens halverwege 2008 verstuurd.

Ik heb het al ergens heengestuurd, helft 2008.

I sent it sometime in the middle of 2008.

HOW WELL, HAVING THAT SAID, THE MEETING IS NOT FOR NOTHING

- Hoewel, dit gezegd hebbend, is de vergadering niet voor niets.
- Hoe goed, dat gezegd hebbend, is de vergadering niet gratis.
- Anyway, having said that, the meeting was useful after all.

AS HE NEEDS A BIG LOANING, HE HAS CHANGED FROM BANK

- Aangezien hij een grote lening nodig heeft, is hij van bank veranderd.
- Omdat hij groots lenen nodig heeft, is hij veranderd van de bank.
- He switched banks because he needs a big loan.

WHAT FOR EXAMPLE CAN YOU GIVE?

- Wat voor voorbeeld kunt u geven?
- Wat, bijvoorbeeld, kunt u geven?
- Do you have an example?

I HAD IT A LITTLE BIT DIFFICULT

Ik had het een beetje moeilijk.

Ik bezat het een beetje moelijk.

It was a bit difficult for me.

THIS IS NOT TO DO

Dit is niet te doen.

Dit is niet iets om te doen.

This isn't doable.

WHAT FOR MONEY ARE WE TALKING ABOUT?

Over hoeveel geld hebben we het eigenlijk?

Welk soort geld praten we over?

How much money are we talking about?

CAN IT OR CAN IT NOT?

Kan het of kan het niet?

Blik het in of blik het niet in?

Is it possible or not?

THIS IS SOMETHING I HAVE SOMETHING TO DO WITH

Dit is iets waarmee ik iets te maken heb.

Dit is iets wat ik bezit, iets om mee te doen.

I've got something to do with this.

I WILL EXPLAIN YOU LATER

Ik zal het je later uitleggen.

Ik zal je later uitleggen.

I'll explain it to you later.

WE ARE NOT MORE INTERESTED

We zijn niet meer geïnteresseerd.

Wij zijn niet geïnteresseerder.

We're not interested anymore.

SO CAN IT NOT LONGER

Zo kan het niet langer.

Dus, blik het niet langer in.

Things can't go on like this.

I KNOW FROM NOTHING

Ik weet van niets.

Ik weet vanaf niets

I know nothing about it.

FORGET IT BUT!

Vergeet het maar!

Vergeet het kont!

Forget it!

DON'T UNDERSTAND ME WRONG

Begrijp me niet verkeerd.

Heb geen verkeerd verstand van mij.

Don't get me wrong.

WE ARE FACING WITH A DISASTER

We worden geconfronteerd met een ramp.

We zijn bekleding met een ramp.

We're facing disaster.

IT IS ME WHAT!

Het is me wat!

Ik ben het, nietwaar?

Isn't it something?

DO WHAT!

Doe wat!

Doe wat?

Do something!

 Word pairs

Het Nederlands kent nogal wat woordparen waarin de woorden een vaste plaats hebben, zoals *min of meer*. Je kunt die woorden niet omdraaien, want *meer of min* klinkt raar. Het Engels kent ook van deze vaste woordcombinaties, maar … die zijn soms net andersom vergeleken met het Nederlands. Een paar voorbeelden.

Je wilt zeggen:	**Je zegt:**	**Maar het moet zijn:**
groente en fruit	vegetables and fruit	fruit and vegetables
huis en haard	home and hearth	hearth and home
min of meer	less or more	more or less
mond- en klauwzeer	mouth and claw sore	foot and mouth disease
pijl en boog	arrow and bow	bow and arrow
rozengeur en maneschijn	smell of roses and moonlight	moonlight and roses
toeters en bellen	tooters and bells	bells and whistles
op water en brood	on water and bread	bread and water rations

Bron: Joy Burrough-Boenisch, Righting English that's Gone Dutch. *Voorburg, 2004.*

WE LEAVE IT GO

We laten het gaan.

We verlaten het gaan.

We'll leave it at this.

FAST WAY!

Snel weg!

Snelle manier!

Away from here!

WHAT YOU SAY

Wat je zegt.

Wat je vertelt.

Exactly.

YES, LET'S SHARE THIS ONLY WITH US FOUR

Ja, laten we dit alleen met z'n vieren delen.

Ja, laten we alleen elkaar hiervan deelgenoot maken.

Okay, let's share this only between the four of us.

WHAT YOU?

Wat jij?

Wat, jíj?

What do you think?

YOU SHOULD PLAY AN ACTIVER ROLE

Je moet een actievere rol spelen.

Je zou een actief haar rol moeten spelen?

You should play a more active role.

THAT GIVES YOU TO THINK

Dat geeft je te denken.

Dat geeft jou aan het denken.

That makes you think.

WE HAVE AGAIN TO CHECK IT POINT FOR POINT

We moeten het weer punt voor punt nakijken.

We moeten het opnieuw controleren, punt tegen punt.

We have to doublecheck each point.

OKAY, LET'S TAKE IT THROUGH ONE MORE TIME

Goed, laten we het nog een keer doornemen.

Goed, we nemen het doorheen nog een keer.

Okay, let's go over it one more time.

IF WE GO THROUGH LIKE THIS, THERE WILL BE NO SIGNAGE OF THE CONTRACT

Als we zo doorgaan, wordt het contract niet getekend.

Als we er zo doorheen gaan, zullen daar geen verkeers- en richtingsborden van het contract zijn.

If we go on like this, the contract will not be signed.

WE ARE A WHOLE END!

We zijn een heel end!

We zijn een volledig einde!

We're well on our way!

GOOD SO!

Goed zo!

Goed, dus …

Allright!

THAT CAN WELL

Dat kan wel.

Dat blik goed.

That's possible.

I HAD IT TOTALLY MISS

Ik had het totaal mis.

Ik had het volledig, juffrouw.

I was totally wrong.

WHAT NICE!

Wat leuk!

Welke leuk?

That's nice!

IT HAS A HIGH EFFECTIVITY

Het heeft een hoge effectiviteit.

Het bezit een intense doeltreffendheid.

It's very effective.

SO IS IT

Zo is het.

Dus, is dat zo?

That's how it is.

WE HAVE DISCUSSED THIS UNDER EACH OTHER

We hebben dit onder elkaar besproken.

We hebben dit beneden ieder van ons besproken.

We have discussed this with each other.

THIS MAKES PART OF A GREATER PLAN

Dit maakt onderdeel uit van een groter plan.

Dit maakt een onderdeel van een grootser plan.

It's part of a bigger plan.

WE CAME OVER IT

We zijn eroverheen gekomen.

We zijn erover gekomen.

We've gotten over it.

IT IS FINALLY SO FAR

Het is eindelijk zover.

Het is uiteindelijk, zover althans.

Finally, the time has come.

Afkortingen en abbreviations

Dit hoofdstuk laat zien dat je niet alles woord voor woord in het Engels kunt vertalen: wat in het Nederlands goed is, is dat niet automatisch ook in het Engels. En dat geldt zeker voor afkortingen.

Onder andere, bijvoorbeeld, wordt meestal afgekort tot *o.a.* Maar kort je de Engelse vertaling ervan, *among others* of *among other things*, af tot *a.o.* of *a.o.t.*, dan weet helemaal niemand waarover je het hebt. En zo zijn er nog meer voorbeelden van Denglish-afkortingen waarmee je Engelstaligen voor een raadsel zet. Een paar voorbeelden.

afkorting	**abbreviation**	***staat voor***	**moet zijn**
bijv.	f.e.	for example	for example *or:* e.g.
bijv.	f.i.	for instance	for instance
c.q.	c.q.	casus quo	or
e.a.	a.o.	and others	and others *or:* et al.
i.c.	i.c.	in casu	in the case of
z.o.z.	s.o.s.	see other side	p.t.o.

Gebaseerd op: Joy Burrough-Boenisch, Righting English that's Gone Dutch. *Voorburg, 2004.*

4

I DISTENTIATE MYSELF FROM THIS

Engelse fantasiewoorden

SOME PEOPLE, IF THEY CANNOT THINK OF A SPECIFIC ENGLISH WORD, JUST MAKE THEIR OWN. THEY TAKE A DUTCH WORD AND ORDINARY OUTSPEAK IT IN AN ENGLISH MANNER. IT IS ME WHAT! ALTHOUGH THIS IS AN INTERESTING CONSTATATION, I BELIEVE THAT THIS IS LARRY COOK. I KNOW SURE THAT SOME PEOPLE UMARM THIS IDEA, BUT I SUGGEST THAT YOU SHOULD BETTER STIPPLE IT OUT. AFTER ALL, 'WE ALWAYS GET OUR SIN TOO' INMIDDLES GIVES YOU AN EXCELLENT HOLDFAST. THEREFORE, I DISTENTIATE MYSELF FROM THIS!

Soms klinkt een woord wel lekker Engels, maar bestaat het in die taal helemaal niet. In dit hoofdstuk kom je hiervan twee soorten tegen:

- Nederlandse samenstellingen die lid voor lid zijn vertaald, zoals *head entrance* voor 'hoofdingang' (moet zijn: *main entrance*), en

- Nederlandse woorden met een 'verengelste' uitspraak, die in het Engels helemaal niet bestaan, bijvoorbeeld *hotemetotes*.

Omdat het om woorden gaat die in het Engels niet bestaan, zijn er voor de vertaling vaak ook Nederlandse fantasiewoorden gekozen. Deze symbolen kom je tegen:
Je wilt zeggen:
Maar je zegt, of een Engelstalige verstaat:
Je had moeten zeggen:

THAT'S A FLIME SHARP KNIFE

Dat is een vlijmscherp mes.
Dat is een f... limoenscherp mes.
That's a razor-sharp knife.

ARE YOU ONSPEAKABLE?

Bent u aanspreekbaar?
Bent u onuitsprekelijk?
Are you approachable?

THIS IS A PRESENT FROM THE CHRISTMAN

Dit is een cadeau van de kerstman.

Dit is een cadeau van de christelijke man.

This is a present from Santa [Claus] (*or:* Father Christmas).

YOU LOOK A LITTLE PIPS

Je ziet er wat pips uit.

Je ziet eruit als kleine oogjes van een dobbelsteen.

You look a bit pale. *Or:* You look a bit washed out.

I HAD A LOT OF BELLERS

Ik had een heleboel bellers.

Ik had een heleboel klokkens.

A lot of people called.

I WILL BE THERE SINE

Ik zal er zijn.

Ik zal er zijn signaal.

I'll be there.

I'M GOING TO MAKE A TUCKY

Ik ga een tukje doen.

Ik ga een smulpartijtje maken.

I'm taking a nap.

I ENJOY THIS LARRY COOK

Ik geniet van deze lariekoek.

Ik geniet van deze Larry de kok.

I enjoy this nonsense. *Or:* I enjoy this rubbish.

I FEAR I AM BLUT

Ik vrees dat ik blut ben.

Ik heb angst dat ik bloed ben.

I'm afraid I'm broke.

WE UMARM THIS PROPOSAL

Wij omarmen dit voorstel.

We ontwapenen dit voorstel.

We embrace this proposal.

I HUNKER TO DO THAT

Ik hunker ernaar dat te doen.

Ik hurk om dat te doen.

I long to do that.

YOU CAN STEP OVER HERE

U kunt hier overstappen.

U kunt hierheen lopen.

You can change here.

THE SHIP WALKED FAST IN THE MAAS

Het schip liep vast in de Maas.

Het schip liep snel in de Maas.

The ship was grounded in the Maas River.

I THINK THAT I AM GOING TO GIVE OVER

Ik geloof dat ik ga overgeven.

Ik denk dat ik ga ophouden.

I think I'm going to throw up. *Or:* I think I'm going to be sick.

WE HAVE TO BETTER STIPPLE IT OUT

We moeten het beter uitstippelen.

We kunnen beter het uitpointilleren.

We have to map it out better. *Or:* We have to trace it out better.

YOU SHOULD USE A DONKEYS BRIDGE

Je moet een ezelsbruggetje gebruiken.

Je zou een brug van de ezel moeten gebruiken.

You should use a memory aid.

LASER UP!

Lazer op!

Laser omhoog!

Bugger off! *Or:* Piss off!

WHAT IS YOUR BACK NAME?

Wat is je achternaam?

Wat is de naam van je rug?

What's your last name? *Or:* What's your surname?

CAN YOU GIVE IT THROUGH?

Kun je het doorgeven?

Kun je het erdoorheen geven?

Could you please pass it on?

THE SUN IS GOING UNDER

De zon gaat onder.

De zon gaat ten onder.

The sun sets. *Or:* The sun is going down.

I LOVE TO DRIVE TOPLESS

Ik rijd graag in een cabriolet.

Ik vind het heerlijk om met blote borsten te rijden.

I love to drive a convertible.

CAN YOU SHIP THEM OFF?

Kun je ze afschepen?

Kun je ze verzenden van ...?

Can you fob them off?

PLEASE ENJOY YOUR INTERCOURSE

Geniet van uw tussengerecht.

Geniet van uw gemeenschap.

Enjoy your entremets.

WHERE IS THE GARDEN SNAKE?

Waar is de tuinslang?

Waar is de slang uit de tuin?

Where is the [garden] hose?

DO YOU USE SELFRISING BACKMAIL?

Gebruikt u zelfrijzend bakmeel?

Gebruikt u zelfstijgende terugpost?

Do you use self-raising flour?

HOW DO WE UNDERBUILD THAT?

Hoe onderbouwen we dat?

Hoe gaan we dat van onderen schragen?

How do we substantiate that?

YOU SHOULD INVEST YOUR SPARE MONEY IN FAST GOOD

Je zou je spaargeld in vastgoed moeten beleggen.

Je zou je reservegeld in snel goed moeten beleggen.

You should invest your savings in real estate.

BUT NOW I'M THINKING HARD UP

Maar nu denk ik hardop.

Maar nu denk ik stijf omhoog.

But now I'm thinking out loud.

WE SHOULD PUT ALL THE PIECES OF THE LEGPUZZLE TOGETHER

Laten we alle stukken van de legpuzzel bij elkaar leggen.

We zouden alle stukken van het beenraadsel bij elkaar moeten leggen.

Let's put all the pieces of the [jigsaw] puzzle together.

I CANNOT GO INTO THEM ALL

Ik kan niet op alle punten ingaan.

Ik kan niet in hen allen gaan.

I can't go into all of these issues.

I WILL GIVE YOU A HOLDFAST HOW TO FORECOME THESE FAULTS

Ik zal je een houvast geven hoe je deze fouten kunt voorkomen.

Ik zal je een snelle vasthoud geven hoe deze onvolkomenheden vooraf te komen.

I'll help you to prevent these errors.

MAY WE THANK YOUR MAJESTY FOR SHOWING US YOUR PRIVATE PARTS

Mogen wij Uwe Majesteit bedanken dat u ons uw privévertrekken hebt laten zien.

Mogen wij Uwe Majesteit bedanken dat u ons uw intieme delen hebt laten zien.

May we thank Your Majesty for showing us around in your private quarters.

HE IS A GAME-BREAKER

Hij is een spelbreker.

Hij is iemand die (het resultaat van) een wedstrijd bepaalt.

He's a spoilsport.

THAT IS STONE COAL ENGLISH

Dat is Steenkolenengels.

Dat is antraciet Engels.

That's broken English.

DO YOU HAVE A STEPS PLAN?

Hebt u een stappenplan?

Hebt u een plan voor stappen?

Do you have a plan of action?

HE IS MORE STRAIGHT THROUGH SEA

Hij is meer rechtdoorzee.

Hij is meer heteroseksueel via de zee.

He's more honest.

I HAVE UPRIGHTED A BV

Ik heb een bv opgericht.

Ik heb rechtopstaand een bijentarief.

I established a private company.

HIGHRESPECTING ...

Hoogachtend ...

Hoogeerbiedigend ...

Yours faithfully ... *Or:* Sincerely yours ...
Or: Respectfully yours ...

HE IS THE NEW LISTPULLER OF THE LIBERAL PARTY

Hij is de nieuwe lijsttrekker van de liberale partij.

Hij is de nieuwe trekker van de lijst van de liberale partij.

He is the new leader of the Liberal Party.

I FELICITATED HIM THEREWITH

Ik heb hem daarmee gefeliciteerd.

Ik gelukwenste hem daarmet.

I congratulated him on that.

YOU ARE HEART STICKER CRAZY!

Je bent hartstikke gek!

Je bent een hartstickergek!

You're stark raving mad!

WHO IS THE GUEST WOMAN?

Wie is de gastvrouw?

Wie is de vrouwelijke gast?

Who is the hostess?

IT IS A SNICK HOT DAY

Het is een snikhete dag.

Het is een inkeping hete dag.

It's a scorching (*or:* sizzling) hot day.

SOMEBODY IS SAWING ON MY CHAIRPOTES

Iemand zaagt aan m'n stoelpoten.

Iemand zaagt op m'n stoelpotten?

Someone's trying to undermine my position.

THE BOTTLE HAS A BAD CLOSAL

De fles heeft een slechte sluiting.

De fles heeft een slecht sluitsel.

The bottle doesn't close well.

THE KEEPABILITY IS LIMITED

De houdbaarheid is beperkt.

De houdmogelijkheid is beperkt.

It's perishable.

THERE ARE A LOT OF HOTEMETOTES

Er zijn een heleboel hotemetoten.

Er zijn een heleboel hottentotten?

There are a lot of hotshots.

YOUR PLANE LEAVES STIPTLY AT TEN FOR HALF TWO

Uw vliegtuig vertrekt stipt om tien voor half twee.

Uw vliegtuig verlaat stippelijk om tien vier half twee.

Your plane departs at twenty minutes past one sharp.

I DISTENTIATE MYSELF FROM THIS

Ik distantieer me hiervan.

Ik distantioneer mijzelf vanaf dit.

I dissociate myself from …

LET'S PARALISE THIS

We moeten dit parallel laten lopen.

We moeten dit verlammen.

These … have to run simultaneously.

YOU SHOULD BE FACTURING MUCH EARLIER

Je zou veel eerder moeten factureren.

Je zou veel eerder moeten fabricaten.

You should bill much earlier. *Or:* You should send an invoice much earlier.

I WANT TO CONVERSATE PRIVATELY WITH YOU

Ik zou graag apart met u willen praten.

Ik wil apart met u conversationeren.

I'd like to talk to you in private.

HE RELATIVATES QUITE A LOT

Hij relativeert nogal.

Hij betrekkelijkt nogal veel.

He often puts things into perspective.

WHY DON'T YOU GO GEESEBOARDING?

Waarom ga je niet ganzenborden?

Waarom ga je niet ganzenaanboorden?

Why don't you go take a hike?

WE HAVE TO SHRAP ARTICLE 12

We moeten artikel 12 schrappen.

We moeten bakkeleien over artikel 12?

We have to delete article 12.

I WANT TO HIGHER THE RETURN

Ik wil het resultaat verbeteren.

Ik wil de opbrengst huren.

I want to increase the return.

THIS IS AN INTERESTING CONSTATATION

Dit is een interessante constatering.

Dit is een interessante constatatie.

This is an interesting observation.

ALL WITH ALL WE AGREE WITH THE WHOLE RIM RAM

Al met al zijn we het met de hele rimram eens.

Allen met allen zijn we het eens met de hele randstamper.

All in all, we agree to the entire business.

I CANNOT HOLD IT LONGER OUT

Ik kan het niet langer uithouden.

Ik kan het buiten niet langer vasthouden.

I can't take it any longer.

IT IS NOT A ONE DAY FLY

Het is geen eendagsvlieg.

Het is geen vlucht van een dag.

It's not a flash in the pan.

I HAVE A LONG WASHING LIST

Ik heb een lange waslijst.

Ik heb een lange wassende lijst.

I've got a whole shopping list.

I RECOMMEND SLIP SOLES

Ik beveel sliptongetjes aan.

Ik beveel glibberige zolen aan.

I recommend solefish.

WOULD YOU LIKE WINE OR A FRESH DRINK?

Wilt u wijn of een frisdrank?

Wilt u wijn of een frisse drank?

Would you like wine or a soft drink?

DO THESE BOTTLES HAVE STATION MONEY?

Hebben deze flessen statiegeld?

Hebben deze flessen stationsgeld?

Are these deposit bottles?

COULD I HAVE SOME TOAST, OR DO YOU NOT HAVE A BREAD ROOSTER?

Mag ik wat toast, of hebt u geen broodrooster?

Mag ik wat toast, of hebt u geen broodhaan?

Could I have some toast, or don't you have a toaster?

WE ARE MAKING IT GOOD BY A CONTRIBUTION TO YOUR SPARE POT

We maken het goed met een bijdrage aan je spaarpot.

We zorgen dat het fijn is door een bijdrage aan jouw reservepot.

We'll make it up to you with a contribution to your piggy bank.

I DO NOT LIKE HOUSE ANIMALS

Ik hou niet van huisdieren.

Ik hou niet van inhuizende dieren.

I don't like pets.

HE IS TAKING THE MIDDLE NIGHT FLIGHT

Hij neemt de nachtvlucht.

Hij neemt de middelste nachtvlucht.

He is taking the night flight.

REALLY, DO COME AND SEARCH US UP

Kom ons echt eens opzoeken.

Echt, kom ons onderzoeken.

You really have to come and see us some time.

I COULD NOT FIND THE HEAD ENTRANCE

Ik kon de hoofdingang niet vinden.

Ik kon de ingang van het hoofd niet vinden.

I couldn't find the main entrance.

MY FAMILY AND I LIVED MANY YEARS IN THE OUTSIDE WORLD

Mijn familie en ik woonden vele jaren in het buitenland.

Mijn familie en ik woonden vele jaren in de buitenwereld.

My family and I lived abroad for many years.

IN THE BEGINNING TIME WE WERE JUST A SMALL COMPANY

In de begintijd waren we slechts een klein bedrijf.

In het begin, tijd, waren we slechts een klein bedrijf.

We started off as a small company.

PREVIOUSLY, I WAS SITTING IN THE SECOND ROOM

Voorheen zat ik in de Tweede Kamer.

In het voorafgaande zat ik in de tweede kamer.

Formerly, I was a member of the [Dutch] Lower Chamber.

THE WORK PRESSION IS HIGH

De werkdruk is hoog.

De werkpressie is hoog.

The pressure at work is high.

DO WE NEED A SANDWALKER?

Hebben we een zandloper nodig?

Hebben we iemand nodig die in het zand loopt?

Do we need an hourglass? *Or:* Do we need a sandglass?

SHALL I READ IT HARD UP BEFORE YOU?

Zal ik het hardop voorlezen?

Zal ik het stijf omhoog hier voor je lezen?

Shall I read it out loud to you?

WHICH TALKING POINTS DO WE STILL HAVE?

Welke gesprekspunten hebben we nog?

Welke pratende punten hebben we nog?

Which topics [of conversation] still remain?

I ALSO DO NOT KNOW WHAT IT BRINGS UP

Ik weet ook niet wat het opbrengt.

Ook weet ik niet wat het omhoog brengt.

I don't know what it will bring in either. *Or:* I don't know what it will yield either.

IT LOOKS HERE LIKE A PLAY GARDEN

Het lijkt hier wel een speeltuin.

Het ziet eruit hier, net zoals een neptuin.

It resembles a playground here.

THE MEETING IS WALKING OUT

De vergadering loopt uit.

De vergadering loopt naar buiten.

The meeting is running late.

THIS IS NOT VERY HOPEGIVING

Dit is niet erg hoopgevend.

Dit is niet erg gevend van hoop.

This isn't very promising.

CAN WE HAVE A LITTLE UNDER US?

Kunnen we een onderonsje hebben?

Kunnen we onder ons een kleintje krijgen?

Could we have an informal chat? *Or:* Could we have a private chat?

YOU SHOULD WORK HIM IN

Je moet hem inwerken.

Je zou hem moeten indrijven.

You should train him.

HE HAS BEEN SADDLED UP WITH THE ISSUE

Hij is met het probleem opgezadeld.

Hij is (als een paard) gezadeld met de kwestie.

He is saddled with the issue.

LET US MAKE THE DOCUMENT OFF

Laten we het document afmaken.

Laat ons het document maken vanaf …?

Let's finish the document.

I DOCTORED IT OUT

Ik heb het uitgedokterd.

Ik trad als dokter op het uit …?

I worked it out. *Or:* I figured it out.

THIS IS THE HIGH POINT OF THE MEETING

Dit is het hoogtepunt van de vergadering.

Dit is een hoog punt van de vergadering.

This is the climax of the meeting.

HE IS THE CEREMONY MASTER

Hij is de ceremoniemeester.

Hij is baas over de ceremonie.

He is Master of Ceremonies.

HE INVITES THEM TO COME ON TABLE: 'ON TABLE!'

Hij vraagt ze aan tafel te komen: 'Aan tafel!'

Hij nodigt hen uit om klaar te komen op tafel: 'Op de tafel staan!'

He invites them to dinner: 'Dinner is ready!'
Or (formal): 'Dinner is served'

Foutloze fouten

Dit hoofdstuk heeft je gewaarschuwd voor woorden die in het Engels niet bestaan. Als het goed is, gaan er voortaan alarmbelletjes rinkelen als je een woord wilt gebruiken dat Denglish klinkt. Maar rinkelen die belletjes wel altijd terecht? Sommige Engelse woorden klinken Denglish, maar zijn toch goed. Dat ze fout lijken, komt bijvoorbeeld doordat het Engels er een synoniem voor heeft dat vaker voorkomt.
Het is niet zo vreemd dat Engelse woorden soms op Nederlandse lijken: de talen zijn familie van elkaar. Toch kun je het best voor een veiliger alternatief kiezen als je bang bent dat een Nederlands klinkend woord niet bestaat in het Engels.
Hieronder een paar voorbeelden van woorden die misschien min of meer fout aanvoelen, maar die je wel kunt gebruiken.

Engels 'fout'	Nederlands	Engels 'goed'
But he is unsporty.	Maar hij is onsportief.	unsporting
This is unovercomeable!	Dit is onoverkomelijk!	insurmountable
Please call me up when you are in Holland.	Bel me alsjeblieft op als je in Nederland bent.	call me
Because they have some feast-days in Holland.	Omdat ze een paar feest-dagen hebben in Nederland	[national] holiday
We have to thin it out.	We moeten het uitdunnen.	thin
He is an excellent footballer	Hij is een uitstekende voetballer	soccer player, football player

5

ACCUSE ME?!

Bijna goed is toch fout

IS YOUR ENGLISH TRANSLATION A SHOT IN THE ROSE, OR DO YOU MISS THE PLANK? UNFORTUNATELY, NEARLY GOOD IS NOT GOOD ENOUGH. SO WHEN A FEMALE STATE SECRETARY SAYS: 'I AM HAVING MY FIRST PERIOD', SHE IS NOT SAYING: 'IK BEN IN M'N EERSTE AMBTSTERMIJN', BUT: 'IK BEN VOOR HET EERST ONGESTELD'. THAT IS DISGUSTABLE! HOPELY ALL DAMES SHOULD BE INTERESTING IN NOT DOING THIS! BECAUSE, WITH A FAULT TRANSLATION YOU CAN FAST CONSTATATE A LARGE CONSTERNATION. ACCUSE ME?!

Dit hoofdstuk gaat over vertalingen die bijna goed zijn. Maar helaas … bijna goed is helemaal fout. Wat kan er misgaan? Je vindt in dit hoofdstuk drie soorten fouten:

- Engelse woorden die voor een deel hetzelfde betekenen als Nederlandse woorden, maar die juist de bedoelde betekenis niet hebben. Een voorbeeld: *toilet* betekent in het Nederlands zowel 'wc' als 'kleding'. In het Engels heeft *toilet* wel de betekenis 'wc', maar niet de betekenis 'kleding'. Als je in het Engels *toilet* gebruikt om naar kleding te verwijzen, levert dat dus vreemde taferelen op.

- Engelse woorden waarvan de kern goed is, maar de uitgang verkeerd. En die uitgang geeft het woord een heel andere betekenis. *Interesting* is bijvoorbeeld 'interessant', terwijl *interested* 'geïnteresseerd' betekent; die woorden kun je niet zomaar door elkaar gebruiken.
- Engelse woorden die bijna hetzelfde klinken als het Engelse woord dat bedoeld is, maar iets heel anders betekenen. En dat kan bizarre verwarring veroorzaken, bijvoorbeeld als iemand *diary* 'agenda' en *diarrhoea* 'diarree' door elkaar haalt.

Ook in dit hoofdstuk kun je weer de zin met fout lezen, wat men bedoelde te zeggen, wat een Engelstalige heeft verstaan en hoe je het had moeten zeggen. Deze symbolen zijn daarvoor gebruikt:

Je wilt zeggen:

Maar je zegt, of een Engelstalige verstaat:

Je had moeten zeggen:

I WAS MOST IMPRESSED BY THE TOILETS OF THE DAMES

Ik was het meest onder de indruk van de kleren van de dames.

Ik was het meest onder de indruk van de wc's van de adellijke dames.

What impressed me most were the lady's outfits.

I HAVE STRICKEN A DEAL

Ik heb een transactie gesloten.

Ik heb een overeenkomst verwond.

I've struck a deal.

KLM-STEWARDESS: 'FISH OR FLESH?'

KLM-stewardess: 'Vis of vlees?'

KLM-stewardess: 'Vis of lichaam?'

KLM-stewardess: 'Fish or meat?'

THAT IS A VERY WELL ANSWER

Dat is een erg goed antwoord.

Dat is een heel gezond antwoord.

That's a very good answer.

Dat is goed fout

Goed en *good* klinken niet alleen bijna hetzelfde, ze hebben ook dezelfde betekenis. Maar er zit een addertje onder het gras: als je in het Nederlands *goed* kunt vervangen door *juist*, gebruik je in het Engels niet *good*, maar *right*. Je zegt dus niet: *that is the good answer*, maar *that is the right answer*.

I MEAN TO REMEMBER ME ...

Ik meen me te herinneren ...

Ik bedoel me mijzelf te herinneren.

I think I remember ...

THEY TRANSLATE IT LETTERLY

Zij vertalen het letterlijk.

Zij vertalen het op het laatst.

They translate it literally.

WE HAVE NO MORE STREAM

We hebben geen stroom meer.

We hebben geen beekje meer.

There is a power failure.

THANKS FOR COMING AT MY PARTY

Dank u wel dat u naar mijn feest bent gekomen.

Dank u wel dat u op mijn feest bent klaargekomen.

Thank you for coming to my party.

IT IS GOOD FOR THE LINE

Het is goed voor de lijn.

Het is goed voor de streep.

It helps you lose weight.

THANK YOU FOR YOUR RECENT WRITINGS

Dank voor uw recente schrijven.

Dank u voor uw recente handschriften.

Thank you for your recent letter.

I AM THE FIRST WOMAN STATE SECRETARY FOR THE INSIDE

Ik ben de eerste vrouwelijke staatssecretaris van Binnenlandse Zaken

Ik ben de eerste vrouw staatssecretaris voor de binnenkant

I'm the first female State Secretary of Internal Affairs

... AND I AM HAVING MY FIRST PERIOD

... en ik ben in m'n eerste ambtstermijn.

... en ik ben voor het eerst ongesteld.

... and this is my first term of office.

If of *when*?

If en *when* betekenen allebei 'als'. Toch kun je ze niet door elkaar gebruiken. Gebruik *if* als iets onzeker is en *when* als iets zeker is.

- *Nod if you can hear me* ('Knik als je me kunt horen').
- *We'll have dinner when the guests have arrived.* ('We gaan eten als de gasten er zijn').

Dit verschil in betekenis kan rare gevolgen hebben. Een Engelsman staat vreemd te kijken als je zegt: *I will call you if I wake up*. Het lijkt dan namelijk alsof je eraan twijfelt of je nog wel zult ontwaken ... *When* is hier het juiste woord.

HE IS UNDER WAY

Hij is onderweg.

Hij is op gang.

He's on his way.

WHEN DID YOU SEND IT, AS THERE WAS NO MAIL IN THE BUS?

Wanneer hebt u het gestuurd, want er was geen post in de bus?

Wanneer hebt u het gestuurd, aangezien er geen post in de autobus was?

I wonder when you sent it, because there was no mail in the mailbox.

THE BELTS THAT I HAVE TO ROW WITH

De riemen waarmee ik moet roeien.

De broekriemen waarmee ik moet roeien.

The oars I have to row with. *Or (figuurlijk):* I must make do with what I have.

COULD YOU SIGN ON MY BACKSIDE?

Kunt u op de achterkant van mijn kopie tekenen?

Kunt u op mijn achterwerk tekenen?

Could you sign on the back?

THE CHAIRMAN LIFTED THE MEETING

De voorzitter hief de vergadering op.

De voorzitter tilde de vergadering op.

The chairman concluded the meeting.

THAT IS DISGUSTABLE!

Dat is walgelijk!

Dat is walgbaar!

That's disgusting!

HOPELY YOU ENJOYED IT

Hopelijk vond je het gezellig.

Hopelig vond je het gezellig.

Hopefully you enjoyed it.

SHE WORKED HARDLY

Ze heeft hard gewerkt.

Ze heeft nauwelijks gewerkt.

She worked hard.

WE SHOULD ALL BE INTERESTING IN THIS SUBJECT

We zouden allemaal geïnteresseerd moeten zijn in dit onderwerp.

We zouden allemaal interessant moeten zijn in dit onderwerp.

We should all be interested in this subject.

Kies de juiste werkwoordstijd

In het Engels kun je onderscheid maken tussen iets wat nu, op dit moment gebeurt, en iets wat altijd zo is. In het Nederlands gebruik je in beide gevallen de tegenwoordige tijd, maar het Engels heeft er verschillende werkwoordstijden voor:

- Voor iets wat op dit moment gebeurt, gebruik je *is* + een werkwoord op *-ing: she's sleeping* 'ze slaapt'.
- Voor iets wat altijd zo is, gebruik je de tegenwoordige tijd: *he sleeps in the attic* 'hij slaapt (altijd) op zolder'.

Als je deze werkwoordstijden door elkaar haalt, maak je vreemde zinnen. *This road is leading to London* betekent niet dat dit de weg is die naar Londen leidt, maar dat deze weg *op dit moment* naar Londen leidt – alsof de weg daar nu mee bezig is, terwijl hij morgen misschien wel ergens anders heen leidt. Het moet daarom zijn: *This road leads to London.*

THIS IS NOT AN EXHAUSTED LIST

Dit is niet een uitputtende lijst.

Dit is niet een uitgeputte lijst.

This list isn't exhaustive.

BUT WE NEED THIS IN WRITE

Maar we willen dit op papier hebben.

Maar we hebben dit nodig in schrijf.

Could you please put this down in writing?

YOU HAVE BEEN VERY HELPY

U bent erg behulpzaam geweest.

U bent erg helpig geweest.

You've been very helpful.

ACCUSE ME

Pardon, neemt u mij niet kwalijk.

Beschuldig mij.

Excuse me.

THIS WRINKLES A BELL

Dit doet een belletje rinkelen.

Dit rimpelt een bel.

This rings a bell.

SWITZERLAND IS A SAFE HEAVEN FOR INVESTORS

- Zwitserland is een veilige haven voor investeerders.
- Zwitserland is een veilige hemel voor investeerders.
- Switzerland is a safe haven for investors.

THE JAPANESE ALWAYS INVITE YOU, THE DUTCH ARE NOT SO HOSPITAL

- De Japanners nodigen je altijd uit, Nederlanders zijn niet zo gastvrij.
- De Japanners nodigen je altijd uit, Nederlanders zijn niet zo ziekenhuis.
- The Japanese always invite you, the Dutch are not so hospitable.

HOW DO YOU DO AND HOW DO YOU DO YOUR WIFE?

- Hoe gaat het met u en hoe gaat het met uw vrouw?
- Hoe gaat het met u en hoe neemt u uw vrouw?
- How do you do and how is your wife?

I THANK YOU FROM THE BOTTOM OF MY HEART AND ALSO FROM MY WIFE'S BOTTOM

Ik bedank u hartelijk, mede namens mijn vrouw.

Ik dank u uit de grond van mijn hart en ook van het achterste van mijn vrouw.

I thank you from the bottom of my heart, also on behalf of my wife.

HE HAD IT NOT STANDING IN HIS DIARRHOEA

Hij had het niet in z'n agenda staan.

Hij had het niet, staand in zijn diarree.

It wasn't marked in his diary.

WE BACK YOU TO HELP US

We smeken je ons te helpen.

We ondersteunen je om ons te helpen.

We beg you to help us.

THIS IS THE MOST INTERESTING VIRGIN

Dit is de interessantste versie.

Dit is de interessantste maagd.

This is the most interesting version.

Denglish look-alikes

Het motto 'bijna goed is toch nog fout' geldt ook voor de spelling van woorden. Sommige woorden lijken in het Nederlands en Engels erg op elkaar: het zijn echte look-alikes, maar je spelt ze nét even anders. Let dus goed op als je de volgende woorden schrijft:

Nederlands	**Engels**
adres	address
agressief	aggressive
assistent	assistant
bagage	baggage
cel	cell
congres	congress
criterium	criterion
dito	ditto
enthousiasme	enthusiasm
mayonaise	mayonnaise
ministerie	ministry
proces	process
solist	soloist
succes	success
visum	visa

Zulke spelfouten kun je eenvoudig voorkomen door een spellchecker te gebruiken. Maar vergeet dan niet de taal op Engels in te stellen.

Bron: Joy Burrough-Boenisch, Righting English that's Gone Dutch. *Voorburg, 2004.*

6

INTERESTING!

Culturele misverstanden

EVEN IF YOU KNOW ENGLISH FROM HOUSE OUT OR IF - AFTER STUDYING THIS BOOKY - YOU INMIDDLES KNOW SURE THAT YOU SPEAK SUCH GOOD ENGLISH, YOU MAY STILL FALL PLAT ON YOUR BACK DUE TO CULTURAL DIFFERENCES. BECAUSE WHEN AN ENGLISHMAN SAYS: 'INTERESTING!', HE ACTUALLY DOES NOT AGREE WITH YOU AT ALL. AND THAT IS ME WHAT. WHEN THE CHINESE SAY: 'MAYBE', THEY ACTUALLY MEAN: 'NO.' SO WE CAN BE SHORT AND BONDY: START STUDYING THE VARIOUS CULTURES IF YOU DO NOT WANT TO GET IN THE WAR. INTERESTING!

Je hebt nu in de hoofdstukken één tot en met vijf gezien welke fouten je kunt vermijden: valse vrienden, figuurlijk Nederlands dat letterlijk wordt vertaald, Nederlandse zinnen van Engelse woorden, Engelse fantasiewoorden en Nederlands dat bijna goed is vertaald, maar helaas net niet helemaal.
Als je zulke fouten allemaal weet te voorkomen, is er een kans dat je de Engelse taal (redelijk) goed be-

heerst. Maar als andere mensen Engels spreken, begrijp je hen dan ook altijd helemaal? En begrijpen zij jou eigenlijk wel helemaal goed? Mensen die Engels spreken, komen uit diverse landen en culturen. Het kunnen westerlingen zijn, zoals Engelsen of Amerikanen, maar ook Aziaten, bijvoorbeeld Chinezen of Japanners. En iedereen die Engels praat, spreekt wel dezelfde taal, maar wat zij zeggen, hoeft nog niet hetzelfde te betekenen.

In dit hoofdstuk lees je over culturele verschillen en misverstanden. En om die te illustreren, worden enige globale verschillen tussen de Nederlandse cultuur en andere culturen tegen het licht gehouden.

Culturele verschillen tussen Nederlanders en Aziaten

Culturele verschillen tussen Nederlanders en Engelsen of Amerikanen zijn redelijk bekend, die met Aziaten veel minder. Daarom nu eerst de belangrijkste verschillen tussen Nederlanders en Chinezen of Japanners.

Extrovert versus introvert

De Nederlander is extrovert. Hij is lang, zwaar, lawaaiig en spreekt met luide stem. Hij gaat harder praten als hij een punt wil maken en slaat zo nodig met de vuist op tafel. Nederlanders raken elkaar regelmatig aan, schudden handen, omhelzen en zoenen elkaar. Zij lachen veel – lachen is leuk – vertellen grappen en scheppen graag op ('Bij ons is alles beter.'). De Aziaat is introverter. Hij is kleiner, ingetogener en rustiger. Naarmate onderwerpen belangrijker worden, gaat hij fluisteren. Als hij lacht, is het vaak uit verlegenheid. Aziaten raken elkaar niet zo snel aan, buigen liever (Japanners). Zij vinden opscheppen redelijk onbeschoft.

Familiariteit versus formaliteit

De Nederlander is niet formeel, maar familiair. Hij maakt snel 'vriendschappen', komt snel 'to the point'. Als hij een cv heeft gelezen, kan hij meteen een beslissing nemen. Na een korte kennismaking kan hij onmiddellijk met iemand 'zaken' doen. De Aziaat is veel formeler en ingetogener. Hij is traditioneel en bescheiden en heeft veel meer tijd nodig om je te leren kennen. Vele malen theedrinken, dineren, weer dineren en elkaars familie ontmoeten. Hij kan pas echt met je omgaan als hij je veel beter kent. Voor zakenmensen betekent dit dat je iemand eerst vele malen moet ontmoeten – ook in de privésfeer – voordat er genoeg vertrouwen ontstaat om met elkaar samen te werken.

Directheid versus indirectheid

De Nederlander is direct, zeer direct. Hij is calvinist. Hij zegt het zoals het is. Recht is recht, krom is krom. Hij begint meteen aan de essentie van het gesprek: 'I would like to fall with the door in house.' Onmiddellijk zakendoen en spreken in duidelijke onverbloemde taal. Pochen en op de tafel slaan. De Chinezen en Japanners zijn zeer indirect, zij praten in understatements (het lijken wel Engelsen!). Ze beginnen een gesprek met 'small talk' en vragen eindeloos naar het wel en wee van de familie. Vaak zeggen zij niet precies wat zij willen, want ze weten dat drie keer rechts ook links is. Door niet precies te zeggen wat ze willen, proberen ze hun opties open te houden en tegelijkertijd beleefd te zijn en de gast niet te beledigen. Want je beledigt een buitenlander, een gast of vriend niet. Zij zeggen dus niet precies wat ze bedoelen, en dat moet je wel weten.

Senioriteit en hiërarchie

Senioriteit en hiërarchie heeft alles te maken met respect voor ouderen. Voor hen die er al wat langer zijn. Voor grijze haren. In Nederland is dit respect grotendeels verdwenen. Jongeren staan niet meer op voor ouderen. Zij zeggen 'je' en 'jij'. Zij spreken ouderen en bazen graag tegen, zeker als het in een grote groep is. In Azië scoren senioriteit en hiërarchie nog heel hoog. Men heeft er een diepgeworteld respect voor ouderen. Of dat nu je grootouders, je ouders of je meerderen op kantoor zijn. In Nederland is het rommelig en gezellig. Iedereen is hetzelfde. De tafelschikking aan het diner is informeel. In Azië is men zeer formeel. Daar heeft de oudere per definitie gelijk. Met groot respect gaat men daar om met de ouders en grootouders. Een gast wordt niet beledigd. Een baas spreek je per definitie – zeker in gezelschap – niet tegen. Over een tafelschikking wordt uren nagedacht, want de belangrijkste (lees: oudste) persoon krijgt de beste plaats.

Culturele verschillen in de omgang

De culturele verschillen tussen Nederlanders en andere westerlingen zijn kleiner dan die tussen Nederlanders en Aziaten, maar je moet geen enkel verschil onderschatten. Al met al zijn er tussen de diverse culturen belangrijke verschillen op het gebied van nee zeggen, het stellen van suggestieve vragen ('leading questions') en het lijden van gezichtsverlies.

De nee-factor

In een heleboel culturen heeft men moeite met nee zeggen. De afbeelding op de volgende pagina toont de verschillen. Je ziet dat Amerikanen en Nederlanders heel gemakkelijk nee zeggen, en dat Engelsen daar meer moeite mee hebben, maar nog lang niet zo veel moeite als Chinezen en Japanners.

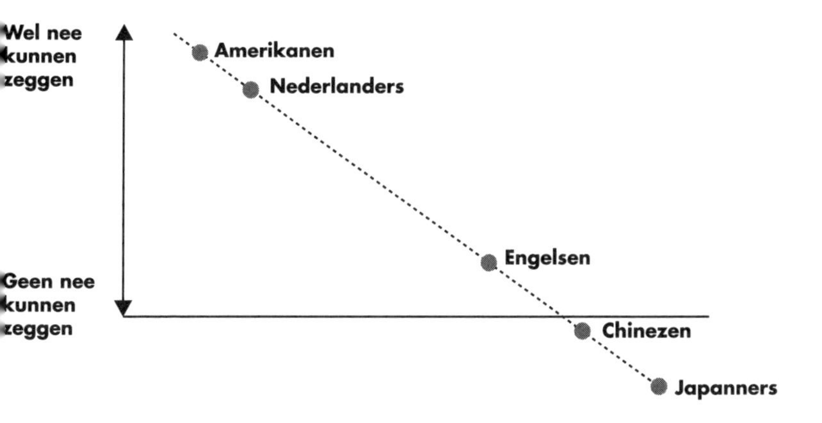

Het zijn dus de Engelsen, Chinezen en Japanners die het meest moeite hebben met nee zeggen. In de praktijk ziet de nee-factor er zo uit:

Men zegt	Nederlanders begrijpen	Maar men bedoelt
yes	ja, hij is het met me eens	misschien, eventueel
yes, but ...	ja, maar er zitten nog wat haken en ogen aan	nee
maybe	misschien, ik heb een kans van 50%	nee
no	*niet van toepassing, want dat zegt men niet*	

Leading question

Het stellen van suggestieve vragen is in veel culturen niet zo handig. Vraag je bijvoorbeeld: 'Don't you agree that we should be going to the right?' en het antwoord erop luidt: 'yes', dan weet je nog niks. Je had beter een vraag kunnen stellen waarop het antwoord niet dubbelzinnig kan zijn, bijvoorbeeld: 'Where do you want us to go?'
Als je de leading question al hebt gesteld en begint te twijfelen aan de juistheid van het antwoord, dan kun je dezelfde vraag nog een keer stellen, maar nu precies tegenovergesteld, bijvoorbeeld: 'Don't you agree that we should be going to the left?' Is het antwoord weer 'yes', dan weet je dat je fout zat. En wat het risico is van een leading question.

Losing face

Vooral in Azië is het voorkómen van gezichtsverlies ('losing face') een essentiële factor, met name voor ouderen of leidinggevenden. Maar anderen gezichtsverlies laten lijden, is nu juist iets wat we in Nederland enig vinden en tot nationale sport hebben verheven; vooral in een groep wordt het als gewoon ervaren om ervoor te zorgen dat een baas iets ongelofelijk stoms zegt.

Onder meer door senioriteit, de nee-factor en het willen voorkomen van gezichtsverlies, is het onmogelijk om in Azië te brainstormen. Een jongere zal bijvoorbeeld nooit iets durven zeggen in de aanwezigheid van een oudere. Ook vindt hij het moeilijk om de oudere tegen te spreken. Een gastheer zal een gast nooit tegenspreken, al is wat deze zegt klip-en-klare onzin.

Culturele verschillen in taalgebruik

De culturele verschillen en misverstanden openbaren zich natuurlijk ook in de taal. Dat wil zeggen: er zit geen woord Grieks bij, maar toch kunnen bepaalde uitspraken iets heel anders betekenen dan je op het eerste gehoor denkt. Dat is in het Nederlands al zo. Als je zegt: 'Ik heb honger', dan bedoel je: 'Ik wil eten', of: 'Wanneer gaan we nu eindelijk eens aan tafel?' En 'Het is frisjes hier' betekent niet alleen dat je het koud hebt, maar eerder iets als: 'Kun je het raam dichtdoen?' Uit beleefdheid zeg je dat niet,

omdat dat misschien als een opdracht overkomt.
Ook dergelijke uitspraken kunnen cultureel bepaald zijn.
De tabel bevat uitspraken van Engelsen, Chinezen en Japanners waarin Nederlanders iets heel anders horen dan wat men bedoelt te zeggen ...

Men zegt	Nederlanders begrijpen	Maar men bedoelt
(very) interesting	ze zijn onder de indruk, ze vinden het interessant	ik ben het er helemaal niet mee eens, ik geloof je niet
I hear what you say	hij accepteert mijn standpunt	ik ben het er niet mee eens en ik wil het verder ook niet meer bespreken
with the greatest respect …	hij is geïnteresseerd in wat ik te zeggen heb	ik denk dat je het mis hebt (of dat je gek bent)
(that's) not bad	het is nog niet helemaal goed genoeg	het is (heel) goed
o, by the way … / incidentally …	dit is niet zo belangrijk	dit is het belangrijkste onderdeel van het gesprek
quite good	ze vinden het redelijk	het is behoorlijk goed
perhaps you would like to think about it	ik kan erover nadenken, maar ik mag zelf beslissen wat ik doe	je moet het doen zoals ik zeg
I was a bit disappointed that … / It is a pity you …	het is niet zo een belangrijk punt	ik ben razend
could we consider some other options?	ze hebben nog geen beslissing genomen	ik vind je idee niet goed
I'll bear it in mind	ze gaan het waarschijnlijk doen	ik doe er niets mee
we will think about it	ze vinden het een goed idee, hier moeten we mee doorgaan	het is een slecht idee en ik ga er absoluut niets mee doen
I'm sure it's my fault	het is hun schuld	het is jouw schuld!

Men zegt	Nederlanders begrijpen	Maar men bedoelt
that's an original point of view	ze vinden mijn ideeën goed	je lijkt wel gek
you'll get there eventually	ik moet het blijven proberen, want ze vinden dat ik de goede kant op ga	je maakt geen schijn van kans
I almost agree	we hebben al bijna overeenstemming bereikt	ik ben het er helemaal niet mee eens
we will look into it / we will study the subject	ze zijn geïnteresseerd	we zullen er niets mee doen
you must come for dinner sometime / Let's have lunch one day	ik krijg binnenkort een uitnodiging	ik nodig je niet uit, ik doe gewoon beleefd en ik wil nu iets anders gaan doen
I mention this not because I think there will be any issue for you	hij gelooft niet dat zijn opmerking voor mij van belang is	ik ben bang dat mijn punt voor jou wel eens een struikelblok zou kunnen zijn
I'll make it interesting for you	ik zal je een interessant voorstel doen	je zult er van lusten, ik krijg je wel

Nu weet je dat als je partner zegt: 'Interesting, I'll look into it', hij totaal niet geïnteresseerd is. Het beste antwoord dat je kunt geven, is dan: 'Let's have lunch one day', want in dat geval 'You will get your sin too!'

AFTER WORD

Ever since *I always get my sin* is walking like a train, I am asked frequently by ladies and gentlemen of the press if I can name the names of the most famous public hotemetotes that I mention in that booky.
I have always not done that, because I do not want to embarrass these prime ministers, ministers, state secretaries, burgomasters and other important public officers. But as some of these outspeakings are already in the public domain, I will here and there light up a point of the cloth.

During a visit of Mr. De Geer (prime minister 1939-1940) to Mr. Winston Churchill at Downing Street 10:
CHURCHILL: SPRING IS IN THE AIR
DE GEER: WHY SHOULD I?

During a first visit of Mr. Gerbrandy (prime minister 1940-1945) to Mr. Winston Churchill at Downing Street 10:
MR. GERBRANDY UPON ARRIVAL: GOODBYE, MR. CHURCHILL
MR. CHURCHILL: MY DEAR MAN, THAT IS THE SHORTEST VISIT OF A PRIME MINISTER EVER!

A Dutch minister (1940-1945) after visiting the private quarters of King George VI at Buckingham Palace:
MAY WE THANK YOUR MAJESTY FOR SHOWING US YOUR PRIVATE PARTS?

Joop den Uyl (prime minister 1973-1977):
WE ARE A COUNTRY OF UNDERTAKERS

A Dutch vice-prime minister (1977-1981):
BUT NOW I'M THINKING HARD UP

The burgomaster of Delft addressing a visiting foreign dignitary during a visit to the Nieuwe Kerk:
THIS IS WHERE WE BURY OUR ORANGES

A Dutch minister during an international conference (1986):
THE DUTCH GOVERNMENT HAS MANY MORE IRONS IN THE FIRE

A Dutch female state secretary during a speech in Asia (1988):
I AM THE FIRST WOMAN STATE SECRETARY FOR THE INSIDE AND I AM HAVING MY FIRST PERIOD

Another Dutch female state secretary during an interview with the BBC (1988):

**BBC: WHAT WAS YOUR PREVIOUS JOB?
STATE SECRETARY: I WAS SITTING IN THE SECOND ROOM**

The burgomaster of Amsterdam addressing the prime minister of Singapore, Mr. Goh Chok Tong:

THE RONDVAARTBOAT WILL BE BACK STIPTLY AT TEN FOR HALF TWO

The (Dutch) European commissioner for competition in the European Parliament (1):

WE SHOULD NOT THROW AWAY THE BABY WITH THE BAD WATER

The (Dutch) European commissioner for competition (2):

HE IS RAZING MY HAIRS (OR: RAISING MY HARES)

A Dutch top governmental official during a NATO meeting (2005) (1):

THE NETHERLANDS DELEGATION WHOLEHEARTEDLY UMARMS THIS PROPOSAL, MR. PRESIDENT

A Dutch top governmental official during a NATO meeting (2005) (2):

WE ARE HERE TO FIT ALL THE PIECES OF THE LEGPUZZLE TOGETHER

The Dutch prime minister during the visit of a foreign head of state:

SORRY THAT WE ARE TOO LATE, BUT THE MEETING WAS WALKING OUT A LITTLE

A Dutch top governmental official addressing the European Commission (17 January 2006):

COULD YOU STEP ON THE GAS PEDDLE A LITTLE BIT

A Dutch top official during an interview with CNN:

CNN: WHAT IMPRESSED YOU MOST DURING YOUR VISIT TO THE USA?
TOP OFFICIAL: THE TOILETS OF THE DAMES

ABOUT THE WRITERS

Maarten H. Rijkens

Maarten Rijkens was born in Amsterdam in 1946. His father being a Unilever director, he lived most of his young years in the outside world and he attended German and British schools. He studied economic science in Rotterdam, the Netherlands, and in St. Gallen, Switzerland. He was a cavalery officer by the hussars of Boreel and spent a year in active service in Germany.

In 1972 he joined Heineken, the international brewers. After having his first period in various marketing positions he started his international career. He worked hardly and came over all in the world for the famous brewer and lived in the U.S.A., Canada, Singapore and Papua New Guinea. For more than 15 years he earned his spurs when he was responsible for the Asia Pacific. He was clearly not the first the best. He went with pension in 2004.

With that all, Rijkens is now back on the horse on various managing- and supervisory boards and acts in an advisory capacity. He wrote *I always get my sin*, about the bizarre English spoken by the Dutch, which became a bestseller with inmiddles 250.000 exemplares sold and 35 pressures. He enjoys collecting antiques and modern paintings, is interesting in architecture, the preservation of historic buildings, history and genealogy. He is married with Denise and with two children, Claire (25), a recent master in the rights, and Adriaan (22), studying technical business administration. They all live in the Netherlands with much pleasure. There Rijkens is doing well and he is doing his wife well.

Heidi Aalbrecht

Heidi Aalbrecht studeerde Nederlandse taal- en letterkunde aan de Rijksuniversiteit Leiden. Bij het Instituut voor Nederlandse Lexicologie in Leiden werkte ze onder meer aan het *Vroegmiddelnederlands woordenboek*. Daarna werkte ze mee aan verschillende woordenboeken van Van Dale. In 2005 richtte ze samen met Pyter Wagenaar tekst- en redactiebureau de Taalwerkplaats op (*www.taalwerkplaats.nl*). Ze begeleidt niet alleen auteurs, maar schrijft ook zelf boeken over taal. Bij Uitgeverij BZZTôH publiceerde zij onder meer *Al regent het varkens… De herkomst van Nederlandse spreekwoorden* en *Parels voor de zwijnen. Het verhaal achter Nederlandse uitdrukkingen*. Recent verschenen van haar hand *Schrijfstijl. De basis van een goede tekst* (Augustus, 2008) en *Joost mag het weten. De herkomst van bekende spreekwoorden en uitdrukkingen* (BZZTôH, 2008), en samen met Pyter Wagenaar schreef zij *100 Gouden regels voor zakelijke teksten* (Sdu, 2008).

Pyter Wagenaar

Pyter Wagenaar studeerde Moderne Taalkunde en Computerlinguïstiek aan de Universiteit van Amsterdam en Lexicologie aan de Rijksuniversiteit Leiden. Hij werkte bij het Instituut voor Nederlandse Lexicologie in Leiden – de samensteller van het Groene Boekje – en bij woordenboekmaker Van Dale in Utrecht, onder meer als redacteur van de Grote Van Dale. Samen met Van Dale-collega Heidi Aalbrecht startte hij tekst- en redactiebureau de Taalwerkplaats (*www.taalwerkplaats.nl*). Hij helpt schrijvers met het perfectioneren van hun teksten en schrijft boeken over taal, waaronder, samen met Heidi Aalbrecht, het succesvolle *Een blind paard kan de was doen, en andere vermakelijke versprekingen* (Sdu, 2006) en *Woordenboek van platte taal* (BZZTôH, 2007). Verder schreef hij *Handboek Taaletiquette* (BZZTôH, 2004) en recent verscheen van zijn hand *Voor de vorm.*

Taalvraagbaak voor schrijvers (Augustus, 2008). Van zijn vertalingen is *Leer te leven* van Dr. Phil het bekendst (Het Spectrum, 1999). Ook werkte hij mee aan de Wat&Hoe-reeks van Kosmos Z&K.

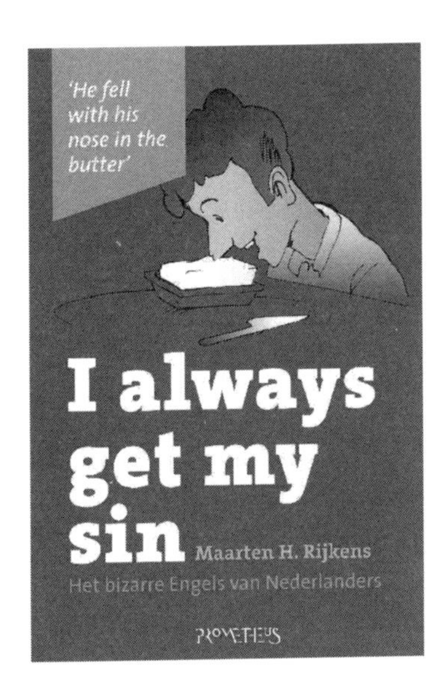

I always get my sin is een vermakelijke bloemlezing van fouten die Nederlandse ministers, state secretaries en top hotemetotes maken als zij Engels spreken.

I always get my sin stond vijf jaar in De Bestseller 60 van de CPNB en er zijn inmiddels ruim 300.000 exemplaren van verkocht.